일타스님의 초발심자경문 강의 ③

자 경 문

자기를 돌아보는 마음

❋ 효림

초발심자경문 강의 ③

자 경 문

초 판 1쇄 펴낸날 1994년 1월 15일 (자기를 돌아보는 마음 19쇄 발행)
개정판 1쇄 펴낸날 2017년 2월 10일 (전체 내용 개정)
　　　　4쇄 펴낸날 2021년 1월　4일

지은이 일타스님
엮은이 김현준
펴낸이 김연지
펴낸곳 효림출판사

등록일 1992년 1월 13일 (제2-1305호)
주 소 서울시 서초구 반포대로14길 30, 907호 (서초동, 센츄리Ⅰ)
전 화 02-582-6612, 587-6612
팩 스 02-586-9078
이메일 hyorim@nate.com

값 9,000원

ⓒ 효림출판사 2017
ISBN 979-11-87508-06-9 03220

序

인간은 사랑과 더불어 살아가는 존재이다. 나를 사랑하고 남을 사랑하고 우리를 사랑하면서, 인생을 사랑으로 가꾸려 한다. 그러나 곰곰히 돌아보면, 그 사랑의 중심에는 언제나 자기가 도사리고 있다. 지극정성을 다하는 부모·자식·연인에 대한 사랑도 자기에 대한 사랑 이상일 수는 없다.

그럼 사랑이란 무엇인가? 사랑은 살리는 것이다. 남을 사랑한다면 남을 살려야 하고, 자기를 진정으로 사랑한다면 어떻게 해야 하는가? 무엇보다도 자기를 올바로 살려가야 하며, 자기를 제대로 살리기 위해서는 항상 자기 마음을 돌아보고 점검할 줄 알아야 한다.

자기를 올바로 사랑하고 살리고 돌아보는 비결! 여기 그 비결을 적은 한 편의 글 『자경문』이 있다. 『자경문』은 야운 스님이 자기를 돌아보고 깨우쳐가는 속에 참된 자유와 행복이 발현된다는 것을 일깨우기 위해 지은 글이다. 비록 길지 않은 글이지만, 구구절절 게으름과 방종을 막는 따끔한 말씀으로 빛을 돌이켜 스스로를 비춰볼 것廻光返照을 권하고 있다.

만일 복잡다단한 삶을 살고 있다면 일부러 시간을 내어서라도 이 글을 한 차례 읽어보라. 틀림없이 고향산천에 돌아간 듯한 유연자적悠然自適함을 느끼고 번뇌가 녹아들어, 어떻게 살아가야 하는지를 스스로 체득할 수 있게 될 것이다.

이제 이 『자경문』을 풀이하여 『자기를 돌아보는 마음』이라는 부제를 붙여 세상에 내어놓게 되었다.

간곡히 청하노니, 자기가 자기를 깨우치는 말씀으로 가득 채워진 이 책을 펼쳐보라. 신심과 원력願力과 지혜가 저절로 생겨나서 불법의 세계 속으로 깊이 들어가는 방법을 터득할 수 있게 된다. 분명 이 법문을 의지하여 살아가는 자는 길이 길이 후회없는 삶을 영위할 수 있고, 반드시 자기를 살리는 길로 나아갈 수 있는 것이다.

자기를 돌아보는 마음!

바로 이 속에 복된 삶과 성불의 비결이 있다. 부디 돌아보고 또 명심하여 마음자리 부처를 회복하고, 행복이 담뿍 담긴 자재로운 삶을 영위하기 바란다.

주인공 주인공아 예 예
억겁다생을 굴러굴러 왔구나
산은 산이요 물은 물인가?
산은 산이 아니요 물은 물이 아닐세 허허
진흙소가 달을 물고 허공으로 달아나네
　主人公 主人公　諾諾
　億劫萬生 轉轉來
　山是山 水是水
　山非山 水非水　噓噓
　泥牛含月走行空

불기 2539년 정월 대보름날
팔공산 은해사에서
東谷 日陀

개정판을 내면서

불교입문의 지침서인 『초발심자경문』은 보조국사의 「계초심학인문」, 원효대사의 「발심수행장」, 야운비구의 「자경문」을 함께 모아 부르는 제목이며, 이 중 가장 스스로를 경책하면서 신심을 불러일으키는 간절한 글이 『자경문』입니다.

이 『자경문』에 대해 일타스님께서 강의한 내용을 정리하여 1994년에 『자기를 돌아보는 마음』이라는 제목으로 발간하였는데, 그 내용이 너무 상세하고 또한 보충할 부분이 없지 않았습니다. 이에 스님께서 설하신 육성테이프를 다시 듣고 글을 다듬어, 월간 「법공양」에 2014년 10월부터 2015까지 12월까지 15회 동안 연재하였고, 그 글들을 모아 개정판을 발간하였습니다.

부디 이 책을 읽는 모든 불자들이 야운비구와 일타스님의 가르침 따라 『자경문』의 세계 속으로 들어가 깊은 신심을 이루고 참된 발심을 하옵기를 두 손 모아 축원드립니다.

2017년 새해 아침
글을 엮은 김현준 拜

차 례

 IV. 중생을 다 건지오리다

I
제목 그리고 저자

1. 제목 속에 간직된 의미

1) 내가 가장 사랑하는 '나'

부처님께서는 인도의 룸비니Lumbini 동산에서 탄생하셨습니다. 그리고 태어나자마자 한 손으로는 하늘을, 다른 한 손으로는 땅을 가리키며 영원한 진리의 일성一聲을 터뜨렸습니다.

"천상천하天上天下 유아독존唯我獨尊."

하늘 위 하늘 아래를 통틀어 나만이 홀로 높다고 하신 것입니다.

유아독존…. 어쩌면 이것이 지극히 건방진 말로 들릴 수도 있습니다. 그러나 되새겨 보면 이것 이상 솔직한 말도 없을 것입니다.

우리 모두에게 있어 '나'란 과연 어떠한 존재입니까?

'나'는 이 세상에서 가장 소중하고 절대적인 존재입니다.

이 세상에서 가장 사랑하는 사람도 '나'입니다.

어떠한 존재에 대한 사랑도 나를 절대의 자리에 둔 다음에 서열을 정합니다. 배우자도 자식도 부모도 부처님도 '나' 다음입니다. 오히려 '나'를 너무 사랑한 나머지, 부모에게 연인에게 부처님께까지도 '나'를 가장 사랑해줄 것을 요구합니다.

'나'보다 더 소중한 것은 무엇인가? 해답은 '없다'로 모아질 수밖에 없습니다. 그러기에 우리는 '나'를 가장 사랑할 수밖에 없는 것입니다.

그렇다면 사랑이란 무엇인가? 사랑은 살리는 것입니다. '나'를 진정으로 사랑한다면 올바로 스스로를 깨우치고 살려가야 합니다. 나아가 나를 올바로 살리고 살려가기 위해서는 참된 '나'를 찾아야 하고, 참된 '나'를 찾기 위해서는 스스로를 맑혀가야 합니다.

그러나 중생은 그러하지 못합니다. 중생의 '나'에 대한 사랑은 곧 나에 대한 애착이며, 나에 대한 애착이 있으면 맞고 맞지 않음이 뒤따릅니다. 그리하여 순順과 역逆을 수반합니다. '나'에게 맞으면 탐貪하고, '나'에게 맞지 않으면 시기하고 질투하고 배척하고 분노〔瞋〕합니다.

곧 '나'라는 집착의 울타리를 쳐서 스스로 갇힌 다음, '내 사랑'의 노래를 부르고 부르면서 목숨이 다할 그날까지 진짜 찾고 해야 할 것을 잊은 채 살아갑니다. 실로 스스로 '나'의 굴레에 빠져 헤어날 줄 모르는 어리석은 자가 중생인 것입니다.

❀

녹야원鹿野苑에서 최초의 다섯 비구를 탄생시킨 석가모니 부처님께서는 갠지스강을 건너 마가다국으로 발걸음을 옮겼습니다. 도중에 부처님께서는 밀림 속으로 들어가 큰 나무 아래에서 좌선을 하였고, 마침 그 고장의 상류층 젊은이 서른 명이 이 숲으로 소풍을 왔습니다.

젊은이들은 저마다 아내를 데리고 왔지만, 결혼을 하지 않은 한 사람은 기생을 데려올 수밖에 없었습니다. 그런데 그 기생이 문제를 일으켰습니다. 다들 놀이에 정신이 팔려있을 때 여러 사람의 옷가지와 패물 등을 훔쳐 도망을 쳐버린 것입니다.

뒤늦게 이 사실을 안 젊은이들은 기생을 찾기 위해 숲속을 뒤졌고, 마침내 부처님께서 좌선을 하고 계신 장소에 이르렀습니다. 그들은 부처님께 여쭈었습니다.

"화장을 짙게 하고 옷가지와 패물을 들고 가는 여인을 보지 못하셨습니까?"

"젊은이들이여, 왜 그 여인을 찾는가?"

젊은이들이 자초지종을 아뢰자 부처님께서는 그들을 돌아보며 물었습니다.

"젊은이들이여, 여자를 찾는 일과 자신을 찾는 일 중에서 어느 쪽이 더 급한가? 여자를 찾는 일과 자기 자신을 찾는 일 중에서 어느 것이 더 중요한가?"

젊은이들에게는 부처님의 이 한마디 말씀이 그렇게 크게 들릴 수가 없었습니다.

"자기를 찾는 일이 더 급하고, 자기를 찾는 일이 더 중요합니다."

"좋다. 그렇다면 거기들 앉아라."

젊은이들이 예배를 하고 자리에 앉자 부처님께서는 참된 자기를 찾는 법과 진정으로 자기를 사랑하는 방법을 일러주셨고, 설법을 들은 서른 명의 젊은이들은 그 자리에서 모두 출가하였습니다.

ᜃ

이처럼 무엇보다 급한 일은 나를 찾는 일이요, 나를 사랑하는 일입니다. 실로 불교는 모든 중생에게 가장 소중한 '나'를 찾도록 가르쳐 주는 종교요, '나'를 올바르게 사랑하는 방법을 가르쳐 주는 종교입니다. 또한 불교의 자비는 '나'를 올바르게 사랑할 줄 모르는 사람을 올바르게 사랑할 수 있도록 이끌어가는 행위입니다.

우리 다 같이 이러한 의미에 입각하여 부처님에 대해 다시 한 번 생각해 봅시다.

부처님은 어떤 분인가? '나'를 가장 올바르게 사랑할 줄 아는 존재입니다.

부처님은 왜 오셨는가? 모든 개개인의 중생들에게 올바로 '나'를 사랑하는 방법을 깨우치기 위해 이 사바세계에 오셨습니다.

이러한 뜻으로 오신 부처님이기에 탄생의 그 순간 '천상천하 유아독존'이라 하신 것입니다.

탐욕과 분노와 어리석음의 불길 속에 갇힌 '나'는 유아독존일 수가 없습니다. 적어도 가장 소중한 '나'라면 영원하고 행복하고 자유자재롭고 번뇌의 속박에서 벗어난 '나'이어야 합니다.

모든 중생은 이렇게 될 수 있습니다. '나'가 '나'의 애착에서 벗어나 참된 '나'를 되찾을 때 이것은 가능해지고, 그 참된 '나'야말로 유아독존인 것입니다.

천상천하 유아독존!

이 홀로 가장 높은 '나'를 찾기 위해 석가모니는 모진 수행을 하셨고, 그 결과 35세의 나이로 부처(Buddha, 覺者)가 되셨습니다. 그리고 깨달음의 환희 속에서 다음과 같이 말씀하셨습니다.

"아, 기특하도다. 모든 중생이 다 이와 같은 지혜와 덕상德相을 갖추었건만, 망상妄想에 집착하여 스스로 체득하지 못하는구나. 만일 이 망상의 집착만 여읜다면 바로 일체지一切智·자연지自然智·무사지無師智를 얻게 되는 것을!"

자기를 진정으로 사랑한다면 무엇보다 먼저 진아眞我를 찾아야 합니다. 부처님은 진아를 찾은 분입니다. 어느 곳에서나 어느 때에나 한번도 '나'를 떠나지 않았던 '나', 누구나 다 갖추고 있는 유아독존의 '나'를 깨달아 부처가 되신 것입니다. 이때에 이르러서야 석가모니는 참으로 자기를 올바로 사랑할 수 있게 되었고, 열반의 그날까지 중생들과 함께 하며 참된 '나'를 찾는 방법과 올바르게 '나'를 사랑하는 방법을 가르칠 수 있었던 것입니다.

2) 자경自警은 자등명自燈明

그렇다면 참된 '나'를 찾고 올바로 '나'를 사랑하는 방법으로 부처님께서 내리신 가르침의 내용은 무엇인가?

그에 대한 부처님의 가르침은 수없이 많습니다. 중생의 그릇에 따라, 병에 따라 약을 주고 가르침을 내렸기 때문입니다. 그러나 수많은 가르침 속에는 하나의 핵심이 한결같이 흐르고 있습니다.

그 핵심은 '스스로〔自〕'를 돌아보고 살피고 깨어나라는 것입니다.

물론 '스스로〔自〕'에 대한 가르침은 석가모니부처님만 강조하신 것이 아닙니다. 과거의 일곱 부처님이 하나같이 말씀하셨다는 『칠불통계게』에도 이 가르침은 단적으로 나타나 있습니다.

모든 악을 짓지 말고
모든 선을 받들어 행하며
스스로 그 마음을 깨끗이 하라
이것이 모든 부처님의 가르침이니라
諸惡莫作 제악막작
衆善奉行 중선봉행
自淨其意 자정기의
是諸佛敎 시제불교

이 『칠불통계게七佛通戒揭』에서와 같이 부처님께서는 언제나 '스스로〔自〕'라는 것에 주의를 환기시키곤 하셨습니다. 스스로를 돌아보고, 스스로를 맑혀 스스로에게 있는 유아독존을 찾고, 스스로 부처가 될 것을 강조하셨던 것입니다.

이와 같은 부처님의 가르침은 마지막 열반의 순간에까지 이어졌습니다.

쿠시나가라의 사라쌍수(娑羅雙樹 : 두 그루의 사라수) 아래에서 석가모니부처님은 슬픔에 잠긴 아난다와 비구들에게 최후의 설법을 남겼습니다.

"비구들이여, 스스로를 등불로 삼고 스스로를 의지할 곳으로 삼아라. 다른 사람에게 의지해서는 안 된다. 법法을 등불로 삼고 법을 의지할 것으로 삼아라. 다른 것에 의지해서는 아니된다."

그리고 부처님께서는 스스로를 등불로 삼는 방법이란, ① 몸과 감각과 마음의 움직임에 대하여 바르게 관찰하고, ② 정신을 통일하여 열심히 수행하며, ③ 집착과 증오를 누르는 것이라고 설명해주신 다음 간곡히 말씀하셨습니다.

"비구들이여, 현재에도 내가 입멸한 후에도, 스스로를 등불로 삼고 법을 등불로 삼아 살아가는 그런 사람만이 가장 나의 뜻에 맞는 나의 참된 제자이니라. 비구들이여, 모든 것은 변천한다〔諸行無常〕. 게으름 부리지 말고 부지런히 정진하라."

이렇게 석가모니부처님께서는 스스로를 등불로 삼고 법을 등불로 삼아〔自燈明 法燈明〕 부지런히 정진하라는 것으로 45년의 설법을 요약하고 열반에 드셨습니다.

우리는 부처님의 마지막 당부 말씀인 자등명自燈明에서 이 책의 제목인 '자경自警'의 의미를 찾아야 합니다.

　결코 도는 바깥에 있는 것이 아닙니다. 스스로를 등불로 삼아 스스로를 끊임없이 돌아보면서 수행의 길로 매진해야 합니다.

　내가 밝힌 등불이 나의 앞길을 밝혀주듯이, 내가 나 스스로를 경계하고 경책할 때 길은 저절로 보이기 마련이며, 스스로를 돌아보고 스스로를 꾸짖으며 참회정진할 때 대도大道의 문門은 활짝 열린 모습으로 우리 앞에 나타나게 된다는 것을 꼭 명심하시기 바랍니다.

　이제 야운스님이 어떠한 분인가를 간략히 살펴봅시다.

2. 저자 야운비구는 누구인가?

　자기 스스로를 경계하는 글인 이 『자경문自警文』은 야운비구野雲比丘가 술述한 것으로 되어 있습니다. 그런데 불교 집안에서 『자경문』의 저자에 대해서는 두 가지 설이 전해지고 있습니다. 신라 원효대사元曉大師의 제자 야운이라는 설과 고려 말 나옹선사懶翁禪師의 제자 야운 각우覺牛스님이라는 설이 그것입니다.

　그러나 두 분 스님 모두 생몰연대를 알 수 없을 뿐 아니라 생애도 일부분만이 전해지고 있어, 『자경문』의 저술여부에 대해 확실히 단정을 지을 수가 없습니다. 우선 두 분 스님의 단편적인 생애부터 살펴봅시다.

　원효대사가 금강산에 토굴을 짓고 기도할 때의 일입니다. 옛날에는 요즘처럼 가느다란 선향線香을 태운 것이 아니라,

화롯불을 담은 큰 향로에 적당한 크기로 자른 향나무를 넣어 향공양을 올렸습니다. 따라서 향로 속의 불씨를 매우 중요하게 여기지 않을 수 없었습니다.

그런데 대사가 잠이 들면 누군가가 와서 화롯불을 파헤쳐 불씨를 꺼버리는 것이었습니다. 여러 날 계속해서 불씨가 꺼지자, 원효대사는 누구의 짓인가를 알아내기 위해 하룻밤을 탁자 밑에 숨어 살펴보기로 하였습니다.

드디어 한밤중이 되자 키가 훤칠하고 이목구비가 준수하게 생긴 남자가 토굴 속으로 들어와 화롯불을 헤치기 시작했습니다. 원효대사는 그를 붙잡아 꾸짖었습니다.

"이놈! 네가 누구이건대 감히 부처님께 올리는 향로의 불씨를 꺼버리는 것이냐?"

"저는 동해 옆의 영랑호(永郎湖 : 현재 속초시 동북쪽에 있는 호수)에 사는 영랑선인永郎仙人이온데, 오쇠고五衰苦를 만나 한기를 면할 수가 없습니다. 그러나 다른 불로는 한기를 쫓을 수가 없고, 부처님 전에 올리는 향로의 불만이 저의 한기를 물리칠 수가 있어 감히 무례를 저질렀나이다. 용서하옵소서."

오쇠고는 천상天上의 사람이나 신선들에게 나타나는 다섯 가지 쇠퇴의 증상으로,

① 머릿결이 거칠어짐과 동시에 머리에 쓰고 있는 화관花冠이 시들어 풀이 죽고,

② 겨드랑이에서 식은 땀이 나고 냄새가 나며,

③ 몸이 쇠하여 자꾸만 한기를 느끼고,

④ 몸에 때가 자꾸 생기고 옷이 더러워지며,

⑤ 마음이 불안하고 초조해지는 등의 현상이 일어납니다. 원효대사는 오쇠고를 겪고 있는 신선 영랑의 나이를 물었습니다.

"동해 바다가 세 번 마르는 것을 보았습니다."

"삼대겁三大劫이나 산 그대가 어찌 생사를 해탈하는 법을 얻지 못하였는가? 불로장생하는 신선의 도가 아무리 좋다 하나 생사가 없는 열반의 도와는 비교할 수 없는 법. 이제 부처님께 귀의하여 무생사無生死의 대도심大道心을 발함이 어떠한가?"

이 말에 크게 느낀 바 있어 원효대사의 제자가 된 영랑선인은 얼마 지나지 않아 도를 깨닫고 『자경문』을 지었다는 이야기가 전해지고 있습니다.

∞

또 고려 말에 살았던 나옹선사의 제자 야운스님에 대해서는 그분의 기상을 읽을 수 있게 하는 단 두 수의 시詩만이 전해지고 있습니다. 그중 한 수는 조선 초기의 대표적인 고승이며 「현정론顯正論」을 저술하여 억불정책의 부당성을 설파한 함허涵虛스님이 지은 시입니다.

강월헌 위에는 강의 달이 희고
야운당 위에는 들구름이 한가롭네
구름과 달빛이 서로 사귀어 빛나는 그곳
그 방 속의 함허는 스스로 편안하도다
江月軒上江月白 강월헌상강월백
野雲堂上野雲閑 야운당상야운한
雲光月色交輝處 운광월색교휘처
一室含虛體自安 일실함허체자안

이 시를 지은 함허스님은 무학대사無學大師의 제자로서 나
옹선사의 손제자요 야운선사의 사질師姪이 되는 분입니다.
그리고 시 속의 강월헌은 나옹선사의 당호堂號요, 야운당은
각우覺牛스님의 당호입니다.

그런데 이 시를 자세히 살펴보면, 강월헌과 야운당 두 분은
교교히 비치는 달과 한가로이 떠 있는 구름인양 서로 아름답
게 어울리는 분이며, 그분들의 문하가 된 함허 자신은 그렇
게 편안할 수 없다는 것을 은근히 묘사하고 있습니다.

나아가 고려 말의 제일가는 도인 나옹선사와 야운선사를
너무나 잘 어울리는 달과 구름으로 묘사한 이 시를 통하여
우리는 야운스님의 도력을 능히 짐작해 볼 수 있습니다.

또 한 수의 시는 1883년에 해인사에서 간행된 『자경문』의
책머리에 기록되어 있습니다.

집안의 법도는 규율이 있고 뜻과 기개는 높고 한가롭다

성내는 모습 나타내어 삿됨을 꺾는 힘을 갖추었고

대자비를 열어서 인도하는 얼굴을 보이셨으니

그 이름 크게 드러났던 대덕 야운각우선사라네

門庭嶮峻 意氣高閑   문정험준 의기고한

現忿怒具 折邪之相   현분노구 절사지상

開大慈悲 引導之容   개대자비 인도지용

名賢大德 野雲牛禪師   명현대덕 야운우선사

이 시를 통하여 우리는 야운각우 선사가 명리를 따르지 않고 수행에만 전념했던 고매한 성품의 소유자였음을 알 수 있을 뿐 아니라, 삿된 법에 빠지면 노한 모습으로 굴복시키지만 불법을 알고자 하면 자비심으로 따뜻하게 포용한 분임을 짐작할 수 있습니다.

현재 학계에서는 신라시대의 야운스님보다는 고려 말의 야운스님이 『자경문』의 저자라고 보는 설이 지배적입니다. 왜냐하면 이 『자경문』에 참선이나 선종의 조사관祖師關에 관한 어구語句가 나오기 때문이라는 것입니다. 곧 신라 원효대사 당시에는 선종이 거의 전래되지 않았으므로, 그 당시라면 현재와 같은 『자경문』을 지을 수 있는 가능성이 없다고 본 것입니다.

그러나 이와는 달리 신라 때에도 선은 전래되었고, 특히 고려 말의 대선사인 야운각우스님이 지은 글로 보기에는 선禪에 대한 내용이 오히려 너무 적다는 이유를 들어 신라 야운스님의 저술로 보는 이들도 많습니다.

하지만 지금 우리에게 중요한 것은 『자경문』내용 그 자체입니다. 저자의 논란 여부를 제쳐두고라도, 『자경문』은 수행인의 마음을 일깨우는 너무나 좋은 글로 가득 채워져 있기 때문입니다.

이제 다음 달부터 경건한 마음으로 야운스님의 '스스로를 경계하는 글〔自警文〕'을 구절구절 새겨 보도록 합시다.

II

누가
그대를 제도하리

1. 왜 중생은 고고苦를 받고 윤회하는가

주인공主人公아, 내 말을 들으라.

많고 많은 사람들이 공문空門 속에서 도를 이루었거늘, 어찌 그대는 고통의 세계에서 아직까지 윤회를 하고 있는가?

그대가 시작 없는 옛적부터 금생에 이르기까지 참된 깨달음의 마음자리를 등지고 객진번뇌客塵煩惱에 몸을 맡긴 채〔背覺合塵〕어리석음에 빠져, 온갖 악업을 끊임없이 지었기 때문에 삼악도三惡道의 괴로운 윤회에 시달리고, 갖가지 선행을 닦지 않았기 때문에 사생四生의 업바다〔業海〕에 잠겨 있는 것이니라.

이 몸에는 여섯 도둑〔六賊〕이 따라다니기 때문에 나쁜 곳에 떨어지면 지독한 신고辛苦를 받게 되고, 마음이 일승一乘을 등진 까닭에 사람으로 태어나더라도 부처님 나시기 전이나 부처님 가신 뒤가 되는 것이다.

이제 또한 다행히 사람의 몸을 얻었으나 부처님 가신 뒤의 말법 세상이니 슬프고도, 애통하도다. 하지만 이것이 누구의 허물이겠는가!

主人公아 聽我言하라

幾人得道空門裏어늘 汝何長輪苦趣中고

汝自無始已來로 至于今生히 背覺合塵코 墮落愚癡하야

恒造衆惡 而入三途之苦輪하며 不修諸善 而沈四生之業海

로다 身隨六賊故로 或墮惡趣則極辛極苦하고 心背一乘故로

或生人道則佛前佛後로다 今亦幸得人身이나 正是佛後末世

니 嗚呼痛哉라 是誰過歟아

1) 주인공아

『자경문』의 첫머리는 "주인공아, 내 말을 들으라."로부터 시작되고 있습니다. 말을 듣는 주인공主人公, 말을 하는 주인공….

중국 송나라 초기, 단구丹丘의 서암瑞巖에 살았던 서암 사언(瑞巖 師彦, 850~910)스님은 날마다 판도방(瓣道房,큰방) 앞마루에 걸터앉아 먼 산을 바라보면서 자문자답했습니다.

"주인공아!"

"예."

"정신차려라〔惺惺着〕."

"예."

"뒷날에도 남에게 속지 말아라."

"예."

§

서암스님이 매일같이 부르고 답한 주인공. 이 주인공은 우리가 본래부터 지니고 있었던 근본 마음자리이며, 우리들이 부모의 태중胎中에 들어가기 전의 참된 모습입니다.

우리는 이 주인공과 늘 함께 살아왔고, 지금도 이 주인공과 함께 살고 있습니다. 이 주인공은 우리를 잠시도 떠난 때가 없었습니다. 그러나 우리는 이 주인공을 잊고 삽니다.

잊고 살기에 사람들은 참된 주인공인 마음자리를 돌아보려고 하지 않습니다. 오히려 무상한 몸뚱이를 진짜 주인공으로 생각하기 때문에 이 몸을 위하고 이 몸을 가꾸기 위해 온갖 노력을 기울입니다. 눈에 보이는 것에만 집착을 하고 사는 것입니다.

그러나 눈에 보이는 몸뚱이를 집착하는 여기에서부터 그릇된 길로 빠져들기 시작합니다. 남보다 못지않은 내 몸이기를, 지금의 젊음이 한순간이나마 더 유지되기를, 잘 먹고 잘 즐기며 오래오래 살기를 염원합니다.

하지만 이 육신이 장생불사의 경지에 이른 사람은 인류 역사상 찾아볼 수가 없습니다. 조금 더 오래 살 수는 있을지언정 영원히 살 수는 없습니다.

그리고 삶에 따르는 괴로움을 떨쳐버릴 수가 없습니다. 남들이 다 부러워하는 고관대작이나 재벌이라 할지라도 그들 나름대로 갖가지 괴로움 속에서 살아가고 있습니다. 『금강경』의 말씀처럼, '무릇 모양이 있는 것은 모두 허망함을 면치 못할 뿐〔凡所有相 皆是虛妄〕' 아니라, 생자필멸生者必滅이요 제행무상諸行無常의 도리를 벗어날 수가 없는 것입니다.

그러므로 우리는 헛된 집착에서 벗어나 진짜 주인공과 함께 해야 합니다. 몸뚱이는 결코 진짜 주인공이 될 수가 없습니다. 이 몸뚱이는 자동차와 같은 것일 뿐입니다.

자동차는 주인이 운전하는 대로 움직이며, 운전수가 없으면 고철덩이에 불과합니다. 자동차와 같은 이 몸이 어찌 진짜 주인이 될 수 있겠습니까? 진짜 주인은 오로지 마음 운전수뿐입니다. 이 마음 운전수만이 우리들의 진짜 주인공입니다.

만일 지금까지 몸뚱이를 진짜 주인처럼 모셔왔다면 이 순간부터 보이지 않는 참된 주인공, 한순간도 나를 떠나지 않았던 마음자리 주인공을 찾아야 합니다. 그리고 진짜 주인을 찾을 것을 강조하기 위해, 『자경문』은 첫 구절을 '주인공아, 내 말을 들어라'로 시작한 것입니다.

2) 열려있는 공문空門

이어 야운스님이 『자경문』을 통하여 주인공에게 들려주는 첫마디는 우리의 현 상황에 대한 안타까움입니다.

"많고 많은 사람들이 공문空門 속에서 도를 이루었거늘, 어찌 그대는 고통의 세계에서 아직까지 윤회를 하고 있는가?"

많고 많은 사람은 과거의 부처님과 수많은 조사祖師들이며, 그 분들은 하나같이 공문空門속에서 도를 이루었다고 합니다. 그럼 공문은 무엇인가?

공문은 불문佛門입니다. 부처님의 세계로 들어가는 첫 번째 관문關門이 공문입니다. 우리나라 사찰에서는 기둥을 일렬로 세우고 문짝을 달지 않은 일주문一柱門을 가장 앞쪽에 두고 있는데, 이 일주문이 바로 공문입니다.

문짝이 달려 있지 않기 때문에 일주문은 누구나 자유롭게 출입할 수 있습니다. 가난한 사람, 부유한 사람, 죄 많은 사람, 깨끗한 사람을 구분하지 않습니다. 들어오고자 하는 사람은 누구든지 들어올 수 있고, 나가고자 하는 사람은 마음대로 나갈 수 있습니다. 이렇게 누구에게나 열려 있는 문이 일주문이요 공문인 것입니다.

그러나 이 문을 통과하여 부처님의 경지로 나아가고자 하는 이에게는 단 한 가지의 제약이 주어집니다. 그것이 무엇인가?

세속의 잡된 생각을 텅 비우고 부처를 이루겠다는 한마음을 잘 다져서 이 문을 들어서라는 것입니다. 비록 문짝을 달지 않아 뻥 뚫려 있는 공문이지만, 그 잡된 생각들이 공문을 닫힌 유문有門으로 만들어 버리기 때문입니다.

그럼 잡된 생각은 무엇인가? 잡된 생각은 탐욕과 분노와 어리석음의 삼독심三毒心, 재욕財欲 · 색욕色欲 · 식욕食欲 · 명예욕名譽欲 · 수면욕睡眠欲의 오욕락五欲樂 등입니다.

이와 같이 재물에 걸리고 사랑에 걸리고 명예에 걸리고 탐욕 · 분노 · 어리석음 등의 감정에 휘말리게 되면, 어느새 일주문은 기둥과 기둥 사이에서 문짝들이 생겨나와 유문으로 바뀌어 버립니다. 그리고 출입을 막기 위해 스스로 빗장을 굳게 걸어 버리는 것입니다.

그러므로 무엇보다 먼저 놓아 버리고 비워 버릴 줄 알아야 합니다. 탐착하고 있으면, 이기적인 감정으로 꼭 닫고 있으면 결코 공문을 통과할 수 없습니다. 이를 일깨우는 이야기 한 편을 살펴봅시다.

어느 날 흑씨黑氏 바라문은 신통을 부려서 만든 합환오동合歡梧桐 꽃 두 송이를 양손에 들고 와서 부처님께 바치고자 하였습니다. 그때 부처님께서는 조용한 음성으로 흑씨 바라문을 불렀습니다.

"선인仙人아."

"예, 부처님."

"버려라."

흑씨 바라문이 왼손에 든 꽃송이를 버리자 다시 말씀하였습니다.

"선인아, 버려라."

이번에는 오른손에 든 꽃송이도 버렸습니다. 그러나 부처님의 같은 말씀은 또 이어졌습니다.

"선인아, 버려라."

"부처님, 저의 두 손은 이미 비었습니다. 다시 무엇을 버리라 하시나이까?"

"나는 너에게 그 꽃을 버리라고 한 것이 아니다. 너의 마음에 가득 차있는 집착과 번뇌를 일시에 버려서 더 이상 버릴 것이 없게 될 때 참된 깨달음을 얻을 수 있게 되느니라."

부처님의 이 말씀을 듣는 순간 흑씨 바라문은 대오大悟를 하였습니다.

&

부처님께서 흑씨 바라문에게 "버려라."고 한 말씀이야말로 공문에 들어가는 지름길입니다. 어찌 참된 해탈과 진리를 밖에서만 구할 일이겠습니까?

놓아 버립시다.

비워 버립시다.

놓아 버리지도 비워 버리지도 못하면 그 결과는 고통뿐입니다. 항상 열려 있는 공문을 스스로 닫아 고통의 세계〔苦趣〕를 옮겨 다니며 윤회하기를 되풀이할 뿐입니다.

3) 공문을 닫고 윤회하는 까닭

배각합진背覺合塵과 네 종류의 아내

실로 중생은 스스로가 만든 번뇌와 집착을 비워 버리지 못하여 자성불自性佛이 자유롭게 노니는 공문空門 안으로 들어가지 못한 채 공문 밖의 고통스런 세계를 윤회하며 살아가고 있습니다. 하지만 그 어떠한 중생도 이 고통을 달가워하지는 않습니다. 오히려 끊임없는 행복, 더 큰 행복을 추구하며 살아갑니다.

그렇다면 왜 중생들은 고통의 삶을 거부하지 못하는 것일까요? 피하고만 싶은 고난이 당도하게 되면 무조건 당하고 무조건 받으며 사는 까닭이 무엇일까요? 『자경문』에서는 그렇게 된 근본 이유를 이렇게 말하고 있습니다.

"그대가 시작 없는 옛적부터 금생에 이르기까지 배각합

진背覺合塵하여 어리석음에 빠졌기 때문이다."

'배각합진'의 각覺은 나의 참된 마음자리를 가리킵니다. 나의 본원本源인 자성自性자리가 각이요, 내 마음의 본래 청정한 자리가 각입니다. 바꾸어 말하면 각은 곧 부처입니다. 나의 자성불自性佛, 내 스스로에게 갖추어져 있는 자성불이 각인 것입니다.

그런데 우리는 스스로가 갖추고 있는 자성불, 나의 공문 속에 있는 부처님 자리를 등져버린 채, 결코 주인이 될 수 없는 객진번뇌客塵煩惱를 좇아 흘러 다니고 있습니다. 이렇듯 참된 주인공인 마음자리를 등지고 무수한 번뇌들을 주인으로 삼아 노예처럼 살고 있으니, 어찌 자유가 있겠으며 괴롭지 않을 수가 있겠습니까?

이와 관련된 재미있는 비유담이 불경 속에 있습니다.

옛날 어느 고을의 나이 20세 된 사내가 이웃 고을의 처녀를 아내로 맞이하였습니다. 그들은 아주 갓난아기 때 양가 부모가 혼약婚約을 한 사이였으므로, 혼인 전에는 서로 얼굴도 성품도 모르고 지냈습니다.

그런데 막상 결혼을 하고 보니 신부의 얼굴이 약간 곰보인 데다가 몸매도 좋지 않고 무뚝뚝한 것이 도통 정이 가지 않았습니다. 그러나 워낙 가난한 집안인지라, 두 부부는 서로에 대한 불평 없이 부지런히 일을 하며 세월을 보냈습니다.

고진감래苦盡甘來라고, 결혼 후 10년이 지나자 집안 살림이 먹고 살 만큼 되었습니다. 그때서야 남녀 간의 달콤한 관계를 그리워하게 된 남편은 인물이 반반한 규수를 얻어 둘째 부인으로 삼았습니다.

이때부터 본부인에 대한 남편의 괄시가 시작되었습니다. 그러나 원래 투기할 줄 모르는 본부인은 뒷방으로 물러나 온갖 구박을 받으면서도 집안 구석구석의 일을 꾸리며 살아갔습니다.

또 10여 년의 세월이 흘렀습니다. 그동안 더욱 부자가 된 남편은 기방妓房 출입을 하기 시작했습니다. 특히 눈웃음을 잘 짓는 춘심이라는 기생은 옆에 찰싹 달라붙어 갖은 아양을 다 떨었으며, 돈을 주면 무엇이든 시키는 대로 했습니다. 그것이 마음에 든 그는 춘심이를 셋째 부인으로 맞이했습니다.

이제 남부러울 것 없는 그였지만, 워낙 욕심이 많았던지라 편히 지낼 생각은 전혀 하지 않았습니다. 오히려 더욱 열심히 일을 하여 논밭을 사고 재산을 모았습니다. 어느덧 나이 50줄을 넘어선 그는 고을 제일의 부자가 되었고, 남은 생을 편히 즐기며 살기로 작정했습니다.

그러나 평생을 돈과 일에 매달려 살았던 탓인지, 멋있게 사는 방법에 대한 묘안이 떠오르지 않았습니다. 기껏 생각해낸

것이 딸같이 젊고 아리따운 아가씨를 데리고 살면 즐겁지 않을까 하는 것이었습니다.

때마침 그 고을 최고의 미인이요 애교 만점인 처녀가 불의의 사고로 부모를 잃고 동생들을 돌보며 살고 있었습니다. 역시 돈은 좋은 것이었습니다. 많은 돈을 주자 그녀 또한 그의 것이 되었습니다. 그는 사는 즐거움을 그녀에게서 찾았고, 넷째 부인 또한 늙은 그를 볼 때마다 미소를 잃지 않았습니다.

그녀의 마음에 드는 말과 갖은 아양에 노인은 그렇게 행복할 수가 없었습니다. 마침내 노인은 돈 금고와 쌀 창고 열쇠까지 넷째 부인에게 넘겼습니다.

그렇게 환갑의 나이가 되도록 즐겁게 살았던 그 노인에게 어느 날 갑자기 큰 병이 찾아들었습니다. 용한 의원을 데려다가 진맥을 받아본 결과, '여자를 너무 가까이 하여 진액眞液이 고갈되었으니, 보약으로 몸을 보하기는 하되 죽을 준비도 함께 하는 것이 좋겠다'는 것이었습니다.

'죽을 준비라니?' 노인은 혼자 염라대왕 앞으로 가는 것이 싫었습니다. 그래서 눈에 넣어도 아프지 않을 듯한 넷째 부인에게 물었습니다.

"넷째야, 내 이제 죽을 날이 멀지 않은 것 같구나. 그런데 그 무서운 염라대왕 앞에 혼자 가기가 너무 싫구나. 너는 그동안 온갖 정성으로 나를 보살피고 사랑했으니 당연히 나와 함께 가주겠지?"

"영감님, 그런 말씀 마시와요. 사실인즉 당신이 나를 사랑했지 제가 당신을 사랑한 줄 아세요? 제가 진정으로 사랑한 것은 영감님의 재산입니다. 불쌍한 제 동생들을 먹여 살리고, 영감님 돌아가신 후에 한 밑천 얻기 위해 열심히 사랑하는 척했던 것입니다. 그러니 어떻게 함께 죽어 저승길로 갈수가 있겠습니까? 다만 영감의 빈소 앞에서는 열심히 명복을 빌어드릴게요."

그렇게 말하는 넷째 부인이 괘씸하기 짝이 없었지만, 조금도 틀린 말은 아니었습니다. 그는 셋째 부인을 불렀습니다.

"내가 이 세상에서 가장 사랑했던 사람은 셋째 바로 너란다. 셋째야, 나랑 같이 죽자."

"이제 와서 무슨 그런 말씀을! 영감은 넷째를 가장 좋아했잖아요. 그 애를 데려가세요."

"넷째는 안 가려고 하더구나."

"제가 그동안 넷째 때문에 얼마나 속이 썩었는지 아십니까? 그것을 생각하면…. 그렇지만 그동안 당신 신세를 많이 졌으니 화장막 앞까지만 따라갈게요. 시뻘건 불구덩이에 함께 들어가는 것은 정말 싫습니다."

노인은 다시 둘째 부인을 불렀습니다.

"둘째야, 셋째 · 넷째는 나와 함께 가지 않겠다는구나. 너라도 따라가자."

"영감. 나는 당신한테 속아서 시집을 온 것이나 다름이 없습니다. 처음에는 원앙새처럼 부부의 정을 나누자더니, 셋째·넷째를 얻고부터는 밤낮없이 청소나 시키고…. 이제 와서 염라대왕 앞까지 나를 함께 끌고 가려 해요?"

"그래 그래. 내가 잘못했다. 그러니 너만이라도 나와 함께 가자."

"할 수 없지. 죽으나 사나 당신한테 매인 몸이니, 함께 가고 싶은 마음은 털끝만큼도 없지만 가자고 하니 가겠소. 그렇지만 내가 영감을 따라가고 싶어서 가는 것은 절대로 아니오."

가고 싶지 않다는 둘째를 억지로 끌고 가기도 그러하여 노인은 마지막으로 본부인을 찾았습니다. 남편의 호출에 지레 겁을 먹은 본부인은 벌벌 떨면서 방문을 열었습니다. 순간 남편의 눈에는 처음 혼인할 때 족두리를 쓰고 얌전하게 서 있던 신부의 모습이 겹쳐 보이는 것이었습니다.

"당신이 나 하나 믿고 시집을 왔는데, 평생 나 때문에 고생만 하고 살았구려."

노인은 감정이 복받쳐 본부인의 손을 꼭 잡고 바라보았습니다. 궂은 일만 도맡아 했던 본부인의 손은 수세미보다 더 거칠었고, 얼굴에는 깊은 주름이, 머리에는 백발이 흩날리고 있었습니다.

"여보, 그동안 내가 너무 심했소. 용서하구려."

그리고는 자초지종을 모두 이야기했습니다. 그러자 본부

인은 담담한 표정으로 입을 열었습니다.

"나는 살아도 당신 집 사람이요, 죽어도 당신 집 귀신. 당신이 죽으면 나는 살아 있어도 죽은 몸이나 마찬가지입니다. 당신이 가자시면 천리고 만리고 염라대왕 앞이고 무조건 따라갈 터이니 걱정마세요. 그런데 내가 보기에는 죽을 것 같지가 않은데 무얼 그렇게 걱정하시오? 여기 누워 보세요."

그리고는 꿀물을 한 사발 타다가 먹이고 다리를 물껑물껑 주물러 주었습니다. 노인은 온몸이 시원해지는 것을 느끼면서 깊은 잠에 빠져들었고, 자고 일어나니 몸이 거뜬한 게 죽을 것 같지가 않았습니다. 그는 네 명의 부인을 함께 불러들였습니다.

"내 일찍이 불경을 보았더니 '원리전도몽상遠離顚倒夢想하라'는 법문이 있었소. '전도된 몽상을 멀리 떠나라', '몽상 때문에 거꾸로 된 것을 떠나라'는 말씀이었소. 이때까지는 그 말의 의미를 깨닫지 못했는데, 오늘 일을 당하고 보니 사랑할 것을 사랑하지 않고, 사랑하지 않을 것을 사랑하며 살아왔다는 것을 깨달았소."

숙연해진 네 명의 부인을 차례로 돌아보던 노인은 넷째 부인에게 말했습니다.

"넷째야. 젊디젊은 너를 아랫목에 앉혀놓고 꼼짝도 못하게 하였으니 얼마나 답답했겠느냐? 그동안 하찮은 늙은이 옆에서 욕 많이 봤다. 내일부터는 나가서 부엌일을 맡아라. 앞치

마 입고 소매 걷어붙이고 신바람 나게 일해라."

"셋째야, 너는 아직 젊으니까 일꾼들과 함께 논도 매고 밭도 매고 풀도 매도록 해라."

"둘째, 당신은 50줄을 바라보고 있으니 너무 힘든 일은 하지 말고 집안 청소나 하며 사시오."

"본부인! 그동안 참으로 고생 많이 했소. 오늘부터는 넷째가 앉았던 이 아랫목을 차지하고 금고 관리나 하시오. 그리고 비단옷 입고 화장도 하고 건강이나 잘 보살피시오."

그날부터 집안은 완전히 바뀌었습니다. 젊은 부인들이 나가 일하니 음식도 좋아지고 농사도 잘 되었으며 집안 구석구석까지 깨끗해졌습니다. 뿐만 아니라 나이든 본부인이 아랫목에 앉아 금고를 관리하니 재산이 더 늘어만 갔습니다. 금고에 들어간 돈이 어느 결인지 모르게 살살 빠져나가기만 했던 넷째 부인의 시절과는 달리, 한번 금고로 들어간 돈은 좀처럼 나오지 않았습니다. 금고는 하나씩 하나씩 늘어만 갔고, 마침내 이 집안은 백만장자가 되었다고 합니다.

ϗ

이상은 『사처경四妻經』의 이야기를 다소 재미있게 꾸며본 것으로, 사람들의 세상사는 모습을 일부다처제 시대의 정황에다 비유한 것입니다.

이야기 속의 **넷째 부인**은 세상 사람들이 제일 좋아하는 돈을 가리킵니다. 사람들은 돈을 벌기 위해 잠을 줄여가면서까지 몰두합니다. 사탕이나 꿀물처럼 당장 우리 자신을 달콤하게 만드는 것이 돈이요, 없으면 금방 비참함과 무력함을 느끼게 하는 것이 돈이기 때문입니다. 그러므로 사람들이 한평생을 돈의 노예가 되어 사는지도 모릅니다.

그러나 돈이 필요불가결한 것이기는 하지만, 돈은 결코 나의 진정한 반려자가 될 수 없습니다. 넷째 부인이, "당신이 나를 사랑했지 내가 당신을 사랑한 줄 아세요?"라고 했듯이, 사람이 돈을 좋아했지 돈이 사람을 좋아한 것은 아닙니다. 돈이라고 하면 사람들이 정신없이 달려들었지, 돈이 사람에게 좋다고 달려드는 경우는 없습니다.

인간의 돈에 대한 욕심은 끝이 없습니다. 가지면 가질수록 더욱 더 갖고 싶은 것이 돈입니다. 물론 돈만이 그러한 것은 아닙니다. 이성교제·음식·명예도 다를 바가 없습니다. 남녀관계에 빠져 밝히기 시작하면 끝이 없습니다. 잘 먹고 잘 입는 것도 끝이 없고, 명예나 권력 또한 누려도 누려도 한이 없는 것입니다.

혹여나, '나는 지금 참된 자기를 팽개치고 돈의 노예, 쾌락의 노예, 명예나 권력의 노예가 되어 살아가고 있지나 않은지' 다시 한 번 점검해 보시기 바랍니다.

셋째 부인은 아들 딸, 집안 식구, 친척 등을 가리킵니다. 부모들은 자식들 때문에 평생을 가슴 졸이고 온갖 노력을 기울입니다. 하지만 아무리 가까운 사이라 할지라도 대신 아파

주거나 대신 울어주거나 대신 죽어줄 수는 없습니다. 내가 죽은 다음 화장막의 불 속이나 무덤 속까지 함께 들어갈 가족은 결코 없다는 것입니다.

왜냐하면 가족·친족이란 모두가 보이지 않는 업業으로 맺어진 관계이기 때문입니다. 그러므로 가족에 대한 도리는 다 하되, 지나친 기대나 집착을 가져서는 안 됩니다.

그렇다면 **둘째** 부인은 무엇인가? 바로 **이 몸뚱이**입니다. 이 몸뚱이는 아무리 잘 먹이고 잘 돌보아도 나이 60이 되면 고물자동차가 되어 버립니다. 단 10년·20년 더 끌고 다니고 싶다면 곱게 곱게 몰아야지, 험한 길 비포장도로로 마구 끌고 다니면 금방 고장이 나버립니다.

그런데 이 몸뚱이가 죽고 싶어 죽는 경우는 세상천지에 없습니다. 수명이 다하고 세상 인연이 다 하였으니 어쩔 수 없이 죽어갈 뿐입니다. 이렇게 할 수 없이 죽는 것이지, 죽음이 좋아서 사라져가는 몸뚱이가 어디에 있겠습니까? 그래서 둘째 부인이 "함께 가고 싶은 생각은 털끝만큼도 없지만, 당신이 가자고 하니 할 수 없이 따라간다."고 한 것입니다.

이제 본부인에 대해 알아봅시다. **본부인은 곧 도道**를 가리킵니다. 돈과 정반대의 입장에 있는 도가 본부인입니다.

그렇다면 도가 무엇인가? 마음 닦는 것이 도입니다. 나의 참된 마음자리를 살펴보고 자성불自性佛을 잘 돌보는 것이 도입니다. 그런데 우리는 어떻게 살아왔습니까? 1년 365일

중 단 하루라도 마음자리를 가꾸며 살아가고 있습니까? 아닐 것입니다.

대부분의 사람들은 마음자리를 괄시하고 살아갑니다. 매일같이 돈과 가족과 몸뚱이를 돌보기에 급급하여 마음자리 따위는 아예 무시해 버립니다. 곧 눈에 보이는 각종 번뇌를 좇아 밖으로 밖으로 헤맬 뿐입니다.

집에서 키우던 강아지도 잠시 보이지 않으면 온 동네를 돌아다니며 찾기 마련인데, 참된 주인공인 마음부처가 희노애락 우비고뇌 속에서 수없이 상처받고 시달려도 찾아보기는커녕 한차례 다독거려주는 일조차 마다하며 살아가고 있습니다.

이것이 배각합진背覺合塵의 삶입니다. 둘째·셋째·넷째 부인에게 차례로 빠져서 조강지처인 첫째 부인은 아예 돌아보지도 않는 삶. 이것이 몽상 속에 빠져 거꾸로 사는 배각합진의 모습입니다.

근본을 돌아보지 않고 돈·가족·몸뚱이를 위해 부산히 먼지를 일으키는 어리석은 짓을 반복하다 보면, 어느 순간 '나'는 고통과 불행이 가득한 세상의 한복판에 서 있게 됩니다.

하루 빨리 원리전도몽상遠離顚倒夢想하여 배각합진背覺合塵이 아닌 합각배진合覺背塵의 삶을 꾸려가야 하며, 이것이 부처님의 근본 가르침이요 우리를 해탈케 하는 참된 비결이라는 것을 꼭 명심하시기 바랍니다.

삼악도와 사생 속에서

이제 중생이 삼악도三惡道에 빠지고 업의 바다〔業海〕를 떠다니게 되는 까닭이 무엇인가를 보다 구체적으로 살펴보도록 합시다. 『자경문』에서는 그 까닭을 이렇게 말했습니다.

"온갖 악업〔衆惡〕을 끊임없이 지었기 때문에 삼악도의 괴로운 윤회에 시달리고, 갖가지 선행〔諸善〕을 닦지 않았기 때문에 사생四生의 업바다에 잠겨 있는 것이니라."

곧 '중악衆惡'이 삼악도로 빠져들게 하는 원인이요, '제선諸善'을 닦지 않아 사생의 업바다를 떠다니게 된다고 하였습니다. 그렇다면 중악과 제선은 무엇인가? 일일이 열거하자면 한이 없겠지만, 부처님께서는 십악十惡과 십선十善으로 이를 요약하였습니다.

① 살생〔殺生〕
② 도둑질〔偸盗〕
③ 삿된 음행〔邪淫〕
④ 거짓말〔妄語〕
⑤ 욕설〔惡口〕
⑥ 이간질〔兩舌〕
⑦ 아첨하는 말〔綺語〕

⑧ 탐욕〔貪欲〕

⑨ 성냄〔瞋恚〕

⑩ 삿된 생각〔癡心〕

　이것이 열 가지 악행, 곧 십악행十惡行입니다. 이들 행은 모두 그것을 저지르면 악행이 되고 그렇게 하지 아니하면 선행善行이 됩니다. 즉 살생을 하면 십악행의 하나가 되고, 살생을 하지 아니하면 그것 자체가 자비심을 베푸는 것이므로 선행이 되는 것입니다.

　또한 남의 것을 훔치는 것은 악행이 되고 반대로 남에게 베풀며 복덕을 짓는 것은 선행이 되며, 사음·간음을 하는 것은 악행이 되고 청정행을 닦는 것은 선행이 됩니다. 망언을 하지 않고 진실을 말하는 것, 악한 말을 하지 않고 선한 말을 하는 것, 이간하는 말을 하지 않는 것, 아첨하는 말을 하지 않는 것 자체가 모두 선행입니다.

　나아가 탐욕심을 갖지 아니하고 보시를 생각해야 하며, 성내는 마음을 내지 아니하고 항시 자비심을 길러야 합니다. 자비심 앞에서는 분노가 다 녹아버립니다. 자비심을 가지고 "예, 제가 잘못했습니다." 하면 해결되지 않는 일이 없는데, 모두들 자기가 잘났다고 우기기 때문에 싸움이 일어나게 되는 것입니다. 그리고 세상의 모든 그릇된 일은 삿되고 어리석은 생각에서 비롯되는 것이므로 부처님께서는 십선행과 십악행의 마지막에 불치심不癡心과 치심을 두신 것입니다.

그렇다면 십악을 지어 태어나게 되는 삼악도란 어떠한 세계인가? 지옥地獄·아귀餓鬼·축생畜生의 세계로 나누어지는 삼악도의 일반론에 대해서는 두 달 전까지 이어진 『발심수행장』 강의에서 상세히 설명하였으므로, 여기에서는 윤회와 환생還生에 대해 독특한 견해를 가지고 있는 티벳불교에서의 삼악도의 모습과 삼악도에 태어나는 원인 등에 대해 소개하겠습니다.

첫째, 지옥부터 살펴봅시다.

지옥은 크게 얼음지옥과 불지옥으로 나누고 있습니다. 티벳불교에서는 도둑질을 하여 다른 이의 재산을 크게 축내거나 다른 사람을 추위에 얼어 죽게 한 죄를 지으면 얼음지옥에 떨어지고, 자신이나 남의 삶을 파괴하면 불지옥에 떨어진다고 합니다.

티벳인들은 임종臨終 직전, 자신이 지은 악업 때문에 고통스러워하는 모습을 보고 그가 지옥에 태어나리라는 것을 짐작합니다. 가령 임종 직전의 어떤 사람이 굉장한 추위를 느끼면서 따뜻함을 갈망하는 경우가 있는데, 바로 이 따뜻함에 대한 갈망이 그를 불지옥으로 빠져들게 한다는 것입니다.

독사의 맹독이 점차 심장을 파고들어 생명을 앗아가듯이, 일찍이 뿌려 놓은 악업의 씨앗이 차츰 무르익어 죽을 무렵이 되면 완전한 열매를 맺게 됩니다. 그리하여 그는 지옥 속으로 빨려 들어간다고 합니다.

불지옥을 화산에다 비유한다면, 그의 의식이 뜨겁게 끓어오르는 용암 속으로 들어가서 불꽃과 하나가 되어버립니다. 마찬가지로 얼음지옥에 빠져들면 얼음덩이를 몸으로 삼아 이루 말할 수 없는 고통을 겪게 됩니다.

이러한 지옥은 어떻게 해서 만들어지는가? 『보리행경菩提行經』에는 매우 분명한 가르침이 기록되어 있습니다.

> 시뻘겋게 달구어진 쇳마루를 누가 만들었는가?
> 자신의 몸을 태우며 뒹굴고
> 울부짖는 저들은 어디로부터 왔는가?
> 부처님께서는 말씀하셨네
> 이 모두가 악한 마음의 열매라고

그렇습니다. 지옥은 마음의 영상映像이요 악업의 영상입니다. 그렇지만 그 영상 속의 고통은 인간 세상처럼 실제로 있습니다. 절대로 꿈속처럼 환상적인 상태가 아닙니다.

더욱이 지옥의 일생은 몹시 길고, 악업의 종류에 따라 각종 지옥이 다양하게 모습을 나타내게 된다는 것을 잊어서는 안 됩니다. 지극히 무거운 악업 탓으로 지옥 세계가 부서질 때까지 그곳에서 살아야 하는 이들도 있습니다.

우리 모두 나와 남의 삶을 파괴하거나 남의 생존을 가로막는 악업은 짓지 말도록 합시다. 이것이 지옥을 없애는 최선의 길입니다.

둘째, 지옥보다는 조금 괜찮다고 하는 아귀계餓鬼界는 어떠한가?

마음이 삿되게 흘러가면 이 세상의 있는 그대로를 볼 수 없게 되듯이, 탐욕과 재산에 대한 욕심이 지나친 사람은 굶주린 귀신의 세계인 아귀계가 더 없이 좋게 보여 그 속에 태어나게 됩니다. 지난 세상에 지나치게 욕심을 낸 대가로 아귀로 태어나서 항상 굶주리는 것입니다.

산 같은 음식물과 바다만큼의 물이 눈앞에 있어도 아귀들은 볼 수조차 없습니다. 거대한 입에 바늘구멍처럼 가는 몸구멍, 툭 튀어나온 배, 뼈가 불거져 나온 앙상한 몸매를 지닌 아귀들은 수천 년을 기아의 상태에서 살아야 합니다. 여름철의 서늘한 달빛과 겨울철의 따뜻한 햇볕도 그들에게는 타는 듯한 고통을 줍니다.

사람들의 경우라면 굶주리다 몸이 쇠약해지면 죽을 수나 있지만, 아귀들에게는 그들의 고통을 그치게 할 죽음의 혜택마저 없습니다. 악업이 다할 때까지 굶주림의 삶만이 끝없이 이어지는 것입니다.

이와는 조금 다르게 고통을 받는 아귀들도 있습니다. 그들은 음식이나 물을 볼 수 있습니다. 그러나 막상 음식물을 발견하고 먹으려들면 당장 방해물이 나타나 그를 좌절시킵니다. 또 물을 발견하여 마시려 하면 물은 금세 피고름이나 독수毒水로 변하여 구역질을 자아냅니다.

어떤 아귀들은 조그마한 즐거움과 작은 소유물을 가지기도 합니다. 그러나 채워지지 않는 욕심 때문에 아무것도 가지고 있지 않은 체합니다. 오히려 이러한 아귀들은 남을 해롭게 하려는 생각들로 꽉 차있기 때문에, 악업이 굴러가는 눈덩이처럼 불어나서 더욱 열악한 세계로 내던져진다고 합니다.

물론 아귀계에 태어났다고 하여 영원히 굶주린 귀신으로 살아가는 것은 아닙니다. 인간이 언제까지나 인간의 모습을 유지할 수 없는 것과 같이, 그들이 지난 세상에 저지른 악행의 과보를 모두 받고 나면 굶주린 귀신 노릇도 끝을 맺게 됩니다.

그리고 어떠한 존재라 할지라도 아귀와 같이 그칠 줄 모르는 욕심으로 혼자만의 이득을 추구하게 되면, 장차 아귀의 몸을 받지 않을 수 없는 것입니다. 지은 업에 따른 인과응보의 법칙은 한 치도 어긋남이 없습니다. 어찌 감히 악행을 벗하며 살 일이겠습니까?

셋째, 축생계畜生界, 곧 동물의 세계입니다.
우리는 지옥 중생이나 아귀보다는 축생들의 고통을 쉽게

이해할 수 있습니다. 우리의 눈으로 직접 볼 수 있기 때문입니다.

축생들은 힘없고 약하여 작은 과오로도 손쉽게 목숨을 잃습니다. 게다가 인간은 축생들에게 커다란 고통을 덧붙여 줍니다. 사정없이 때리고 잡아먹기를 예사로 합니다.

또 축생들은 모든 추위와 더위와 배고픔을 몸 하나로 견뎌야 합니다. 날아다니는 기러기나 제비가 자유로운 듯하지만, 그들은 살기에 적합한 환경을 찾아 봄 가을로 수만 리를 이동합니다. 이처럼 축생들의 삶에는 살아가기에 필요한 물자와 자유가 거의 결여되어 있습니다.

그렇다면 축생들의 부자유와 괴로움은 어디에서 오는 것인가? 거의가 삿된 마음가짐과 지혜의 결핍에서 온다고 합니다. 특히 티벳불교에서는 바람직하지 않은 성행위를 축생으로 태어나는 주된 원인으로 보고 있습니다.

① 부모 스승 또는 남의 배우자와 관계를 맺은 경우
② 보름·그믐, 종교적인 의미가 있는 날, 생리 중이거나 임신한 여인과 성행위를 즐겨하는 경우
③ 사찰·성지 등에서 성행위를 즐기는 경우
④ 변태적인 성행위

또한 승려가 되어 도는 닦지 않고 시주의 은혜만으로 사는

경우, '암캐 같은 놈'이라는 식으로 동물을 빗대어 남에게 심한 욕설을 퍼붓거나 불법 수행을 방해하는 행위도 축생의 세계로 내던져지는 과보를 받는다고 합니다.

만약 우리가 이제까지 살아오는 동안에 지옥·아귀·축생계에 태어날 악업을 지은 기억이 있다면, 참된 마음으로 뉘우치고 자신을 깨끗이 해야 합니다. 굳이 좋은 세상을 마다하고 삼악도와 같은 험악한 세상으로 찾아가야 할 이유가 무엇입니까?

모든 것은 지금 이 순간에 달려 있습니다. 참회로써 한 마음 돌이켜 모든 악을 버리고, 자비로써 모든 선을 일으켜 보십시오. 극락의 문은 언제나 활짝 열려 있습니다.

이제 다시 『자경문』으로 돌아가, "갖가지 선행을 닦지 않아 사생의 업바다에 잠긴다."고 한 **사생**四生에 대해 살펴봅시다.

사생은 불교에서 천명하는 생명의 네 가지 생성 형태입니다.

① 모태母胎에 의탁하여 생명을 받는 태생胎生
② 알로 태어나는 난생卵生
③ 습한 기운에 의해 생명을 받는 습생濕生
④ 홀연히 몸을 바꾸어 태어나는 화생化生

이를 조금 더 상세히 살펴보면, **태생**은 사람이나 소·말 등의 포유동물과 같이 어미의 뱃속에서 사지四肢를 갖추고 출생하게 됩니다.

어머니와 자식, 어미와 새끼의 몸이 탯줄로 연결되어 있다가 분리되어 태어나는 태생의 중생들은 유난히 애착심이 많습니다. 그리고 모성애가 지극합니다. 자식이 잘못되면 어머니는 창자가 끊어질 듯이 애절해합니다. 이와 같이 애착심 강한 중생은 태생으로 태어난다고 합니다.

물고기나 새들처럼 알에서 태어나는 **난생**의 중생은 태생의 특징인 애착도 있기는 하지만, 자기중심적이고 나만 아는 이기심으로 가득 채워져 있다고 합니다. 그래서 알에서 깨어나면 대부분이 곧바로 독립된 삶을 살아갑니다. 모기·파리·귀뚜라미 등 습기에서 생겨나는 습생의 중생들은 우유부단한 성격을 가지고 있습니다. 쫓아도 쫓아도 달려드는 모기나 파리의 모습이 이를 잘 증명해주고 있습니다. 곧 지극히 우유부단한 삶이 습생의 결과를 낳게 되는 것입니다.

화생은 어떠한 형태의 몸을 의탁하지 않고 홀연히 생겨나는 생물을 말합니다. 하늘나라·지옥·아귀로 태어나는 존재들은 모두 화생한다고 합니다.

이상과 같이 습성과 죄업의 경중에 따라 생성 형태를 바꾸어서 태어나는 존재가 중생입니다. 만약 삶의 현장에서 선행을 버리고 악행을 저지르며 산다면 살아있을 때나 죽은 후에나 편안할 수가 없습니다. 스스로가 만들어낸 업의 바다에서

괴로운 생애를 살고 또 살아야 할 뿐입니다. '사생의 업바다
에 잠겨' 한시도 편안할 날이 없는 것입니다.

오호 통재라!

업바다에 잠겨 편안함을 잊은 채 살아가는 인생이란 참으
로 무상無常한 것입니다. 하지만 인간은 이 무상함에서 벗어
나고자 하지 않습니다. 더 정확히 말하면, 무상을 넘어서고
싶어도 몸과 마음을 기울여서 나가야 할 올바른 길을 잡지
못해 더욱 갈팡질팡하고 있습니다. 『자경문』에서는 이렇게
설명하고 있습니다.

> "이 몸에 여섯 도둑[六賊]이 따라다니기 때문에 나쁜 곳
> 에 떨어지면 지독한 신고辛苦를 받게 되고, 마음이 일승을
> 등진 까닭에 사람으로 태어나더라도 부처님 전이나 부처
> 님 가신 뒤가 되는 것이다."

이 말씀처럼, 몸으로는 여섯 도둑인 육적六賊을 좇아가고,
마음으로는 진리의 세계로 곧바로 나아가는 일승一乘을 등
지기 때문에 갈팡질팡할 수밖에 없는 것입니다.

육적은 육경六境의 다른 말입니다. 우리의 감각기관인 눈[
眼]·귀[耳]·코[鼻]·혀[舌]·몸[身]·뜻[意]의 육근六根이
감지하는 색[色]·소리[聲]·냄새[香]·맛[味]·감촉[觸]·

법[法]의 여섯 가지 대상이 육경인데, 이 육경을 부정적인 측면에서 육적, 곧 여섯 도둑이라 한 것입니다. 『서유기』에는 육적에 대한 비유가 아주 재미있게 묘사되어 있습니다.

❀

불경을 구하기 위해 천축국으로 길을 떠났던 현장법사玄奘法師와 손오공孫悟空에게 주어진 첫 시련은 여섯 도둑과의 만남이었습니다. 갑자기 나타난 여섯 명의 도둑을 보고 놀란 현장법사는 황급히 자리를 피하였고, 손오공은 혼자서 도둑들과 마주 서게 되었습니다.

"이놈, 가진 것을 모두 놓고 가거라."

"못 주겠다. 어쩔 것이냐?"

"네놈의 머리통을 박살내겠다."

"그래? 능력껏 해보려무나."

내미는 손오공의 머리를 여섯 명의 도둑은 칼로 내리치고 도끼로 찍었습니다. 그러나 손오공의 머리는 상처 하나 생기지 않았습니다. 제풀에 나가떨어진 도둑들을 향해 손오공은 소리쳤습니다.

"이번에는 내 차례다."

손오공이 여의봉으로 여섯 도둑들의 머리를 후려치자 모두 즉사하고 말았습니다.

"스님, 모두 처치했습니다. 돌아오세요."

현장법사는 사람이 여섯이나 죽어 있는 것을 보고 크게 꾸짖었습니다.

"오공아! 불법이 대자대비大慈大悲인 줄을 모르느냐? 불법의 제1계第一戒가 불살생不殺生인 줄을 모르느냐? 감히 사람을 때려죽이다니."

"햐, 조금 전에는 겁이 나서 똥줄이 빠져라 도망가더니, 이제 나타나서 잔소리를 해요?"

이에 현장법사는 매우 뼈 있는 법문을 들려주었습니다.

"오공아, 여섯 도둑놈〔六賊〕을 돌이키면 육신통六神通을 만들 수 있고, 여섯 가지 인식〔육식六識〕을 돌이키면 육바라밀六波羅蜜을 이룰 수 있다. 번뇌망상을 떠나서 따로 진리를 구하려는 것은 파도를 떠나서 물을 구하려는 것과 같으니라〔廻六賊而六神通 廻六識而六波羅蜜 離妄求眞 離波求水〕."

8

이 법문처럼 우리는 육적을 돌이켜서 육신통을 이루어야 합니다. 지금 내 몸을 따라다니고 있는 색·소리·냄새 등의 여섯 도둑을 잘 감화시켜 자유자재로 활동할 줄 알아야 합니다. 그러나 마음에 드는 빛깔, 나에게 맞는 소리·냄새·맛·감촉 등에 집착하여 쫓아다니다 보면 자기도 모르는 사이에 타락하여 고통을 자초하게 됩니다.

한평생을 돼지처럼 욕심만 부리다 죽어 저승에 가면, 염라대왕은 그에게 돼지머리 껍데기를 푹 덮어씌워 준다고 합니다. 영락없이 그는 돼지가 되어 버립니다. 빚을 많이 지고 미련한 짓을 많이 한 자는 소의 껍질을 덮어쓰게 됩니다. 그때는 마음을 바꾸고자 해도 이미 돌이킬 수 없습니다. 기회는 오직 이 순간에 있을 뿐임을 명심하십시오.

그리고 마음으로 일승을 던져 버리면 영원히 참된 불도佛道를 만날 수 없게 됩니다. 일승은 불승〔佛乘, 부처의 자리로 나아가는 수레〕, 곧 자성불도自性佛道입니다. 누구에게나 다 갖추어져 있는 자성불도를 저버리고 살아가기 때문에 사람으로 태어나더라도 부처님이 나시기 전이나 부처님 가신 후〔佛前佛後〕에 태어나 참된 불도를 닦아 이루지 못한다는 말씀입니다.

그래서 『자경문』에서 야운비구는 "오호 통재라!"하고 부르짖었습니다. '이제 다행히 불법을 닦기에 적합한 몸을 얻었으나 부처님 가신 뒤의 말법세상'이라는 것입니다.

그러나 방법이 없는 것은 아닙니다. 말세에 태어난 것이, 그리고 불도를 깨우치지 못하는 것이 오직 나의 허물 때문임을 자각하고 방법을 모색한다면 지금이라도 늦지 않습니다. 다음호부터는 '아직은 늦지 않은 그 방법이 무엇인가'를 함께 살펴보도록 합시다.

다시 한 번 정리해 보겠습니다.

우리가 오랫동안 잊고 살았던 참된 주인공, 그렇지만 한시도 우리와 떨어지지 않았던 그 주인공을 다시금 상기해 보십시오. 그리고 그 주인공을 찾고 참된 도를 이루기 위해 삼독심과 오욕락과 십악행에 빠진 삶을 반성하면서 삼독심과 오욕락에 대한 집착을 놓고자 해야 합니다.

삼독심과 오욕락에 대한 집착을 놓아버리지도 비우지도 못한다면 우리의 삶은 깨달음을 등지고 번뇌망상과 함께 하는 배각합진의 괴로운 삶이 될 수밖에 없습니다.

첫째 부인인 근본 마음자리에 대한 깨달음을 등진 채, 둘째 부인인 몸과 셋째 부인인 가족, 넷째 부인인 돈·이성·명예에 빠져 살다보면, 어느 순간 고통과 불행과 고독이 가득한 세상의 한복판에 서 있는 나를 발견하게 됩니다.

뿐만이 아닙니다. 죽은 다음 생에 한없이 고통스러운 지옥·아귀·축생의 과보를 받거나 태생·난생·습생·화생의 업 바다에 잠겨 한시도 편안할 날이 없는 삶을 살아가게 됩니다.

그럼 어떻게 해야 하는가? 지난 생의 업을 알아야 해결할 수 있는가? 아닙니다. 전생까지 보고자 할 필요는 없습니다.

이미 인간의 몸을 받았으니 먼저 스스로의 지난 인생을 돌아보십시오. 그리고 잘못된 삶, 십선이 아니라 십악의 길을 걸었다면 참회하십시오. 진솔하게 참회하십시오. 그리고 바르게 살면 됩니다.

결코 어렵지 않습니다. 지금 참회할 것을 참회한 다음 삼독심을 비우고 오욕락의 구렁텅이에서 벗어나 바른 길로 나아가면 됩니다. 이것이 바로 배각합진背覺合塵이 아니라, 행복과 평화와 깨달음이 가득한 합각배진合覺背塵의 삶을 사는 방법입니다.

부디 이를 잊지 말기를 두 손 모아 당부드립니다.

2. 참된 나를 찾는 묘법

1) 모든 것은 나에게 달려 있다

그러나 이제라도 그대가 능히 반성하여 애욕을 버리고 출가한다면, 그리하여 응량기(應量器, 바루)를 받아지니고 대법복(大法服, 가사)을 입고 티끌세상을 벗어나는 지름길을 밟아 번뇌가 없는 무루無漏의 묘법을 배운다면, 용이 물을 얻은 것과 같고 범이 산에 있는 것과 같나니, 그 수승하고 묘한 도리는 이루 다 말할 수 없느니라.

수연 여능반성 할애출가 수지응기
雖然이나 汝能反省하며 割愛出家하며 受持應器하고
착대법복 여자무시이래 지우금생 이출진지경로
着大法服하며 汝自無始已來로 至于今生히 履出塵之逕路하
학무루지묘법 여룡득수 사호고산
고 學無漏之妙法하면 如龍得水요 似虎靠山이 라
기수묘지리 불가승언
其殊妙之理는 不可勝言이니라

우리는 애석하게도 부처님 가신 후의 말세에 태어났습니다. 그러나 우리에게는 아직 희망이 있습니다. 바로 부처님께서 남겨 놓으신 묘법妙法이 있기 때문입니다. 곧 부처님께서 일러주신 묘법대로 닦아 나아가면 누구나 생사의 업바다에서 벗어나 대도를 이룰 수 있다는 것이며, 『자경문』에서는 그 방법을 이렇게 제시하고 있습니다.

① 반성하라.
② 애욕을 버리고 출가하여 응량기를 받아 지니고 대법복을 입어라.
③ 티끌세상을 벗어나는 지름길을 밟아 번뇌가 없는 무루無漏의 묘법을 배워라.

그렇다면 ① 무엇을 반성하라는 것인가?

지난 달 <네 종류의 부인> 이야기에서 살펴보았듯이, 우리는 본부인인 마음자리를 팽개친 채 넷째 부인인 돈과 명예와 색을 탐하며 살아왔고, 그 탐욕 때문에 몸과 말과 생각으로 지은 죄가 어찌 적다고 하겠습니까? 공연히 드러누워 있다가 단지 싫다는 감정 때문에 그 어떤 사람이 죽었으면 하는 생각을 일으키기도 하고, 무심코 내뱉은 말 한마디로 상대방의 가슴에 못을 박는 일도 많았을 것입니다. 이렇게 중생은 수많은 죄업을 알게 모르게 지으며 한평생을 보내기 마련입니다.

　그러므로 이제까지 살아온 길을 돌아보고 지은 바 죄업을 녹여 없애는 참회를 해야 합니다. 오직 스스로 지극한 마음으로 참회한다면 모든 업장은 구름 걷히듯 사라지게 됩니다. 이것이 반성입니다.

　이렇게 반성을 한 다음, '③ 티끌세상을 벗어나는 무루의 묘법을 배워야' 합니다. 무루無漏의 '漏'는 번뇌를 뜻합니다. 밖으로 새어나간다는 것입니다. 마음이 하나로 모이지 못하면 번뇌망상을 좇아 밖으로 새어나가게 되고, 끊임없이 타락의 길로 흘러내려가게 됩니다. 이것이 유루有漏의 법이요 세속의 법입니다.

　이와 반대로 마음을 하나로 모아 삼매三昧를 이루게 되면 저절로 무루가 되고 깨달음의 문이 열리게 됩니다. 곧 수행을 하여 견성성불見性成佛 하는 것이 무루의 묘법인 것입니다.

　그렇다면 어떠한 환경에 있을 때 가장 빨리 무루의 묘법을 얻을 수 있는가? 『자경문』에서는 '② 애욕을 버리고 출가를 하라'고 하여 절에 들어갈 것을 권하고 있습니다. 오욕을 버린 사람들의 집단인 승단僧團으로 출가를 하여 무루의 묘법을 배운다면 용이 물을 얻음과 같고 범이 산에 있는 것과 같다고 하였습니다.

　범은 산에 있어야 마음대로 뛰어다니며 소리칠 수가 있고,

용도 물을 얻어야 마음대로 조화를 부릴 수 있습니다. 산에 있는 호랑이의 자재로움과 물을 얻은 용의 묘한 조화가 우리의 상식을 뛰어넘듯이, 출가하여 무루의 묘법을 닦으면 가히 말로써 표현할 수 없는 수승한 도와 미묘한 이치를 터득하게 됩니다.

그러나 꼭 출가해야 하는 것은 아닙니다. 출가할 인연이 아닌 사람, 세속에서 업을 녹여야 할 사람이라면 애써 출가하지 않아도 됩니다. 세속에서라도 꾸준히 도를 닦아 향상의 길로 나아간다면, 출가하여 도와는 먼 생활을 하는 이들보다 훨씬 더 큰 깨달음을 이룰 수 있으니, 굳이 출가를 고집할 필요는 없습니다.

실로 중요한 것은 출가 · 비출가가 아니라 수승하고 묘한 법을 잘 터득하는 것입니다. 그럼 어떤 것이 수승하고도 묘한 법인가? 바로 무루법無漏法입니다.

이 무루의 묘법은 결코 새어나가는 일이 없기 때문에, 언제나 든든하고 가득하고 원만합니다. 또한 언제나 기쁨과 즐거움이 충만 되어 있으며, 그 수승하고 묘한 도리는 도저히 말로써 표현할 수 없습니다.

우리는 이러한 법열을 이룰 때까지 좌절하지 않고 나아가야 합니다. 그리하여 무루의 묘법을 터득하고 참된 마음자리를 증득해야 합니다. 그때까지는 자신의 무능이나 환경을 탓하며 물러서면 안 됩니다. 『자경문』은 다음과 같은 글로써 우리의 용기를 북돋워 주고 있습니다.

사람에게는 옛날과 지금이 있지만 법에는 멀고 가까움이 없으며, 사람에게는 어리석음과 지혜로움이 있지만 도에는 성하고 쇠함이 없느니라.

비록 부처님 당시에 태어났다 할지라도 부처님의 가르침을 따르지 않는다면 무슨 이익이 있으며, 아무리 말세를 만났다 할지라도 부처님의 가르침을 받들어 행한다면 무엇이 해로우랴.

人有古今이언정 法無遐邇하며 人有愚智언정 道無盛衰하나니 雖在佛時나 不順佛教則何益이며 縱值末世나 奉行佛教則何傷이리요

진정 그러합니다. '불후말세佛後末世'와 '불전불후佛前佛後'를 핑계 삼고 시대를 탓하는 것은 정법正法이 아닙니다. 사람에게는 옛 사람과 지금 사람이 있지만, 법에는 먼 법과 가까운 법이 없습니다. 사람 중에는 어리석은 이도 있고 지혜로운 이도 있지만, 부처님의 진리는 성함과 쇠함이 따로 있을 수 없습니다. 고금과 성쇠가 있다면 그것은 이미 진리가 아닙니다.

세상의 쾌락은 오래 가지 않고 바른 법은 듣기 어렵습니다.

어찌 시대와 흥망성쇠를 핑계 삼아 도 닦기를 주저할 것입니까? 부처님의 법과 인연이 주어진 이때 힘써 닦으면, 닦기 어려운 행이라도 닦아 익힌 힘이 있기 때문에 차츰 어렵지 않게 됩니다. 부처님을 비롯하여 옛날 도를 이룬 분들 중, 처음에 범부凡夫 아니었던 이가 어디 있었습니까?

오직 부처님과 부처님의 가르침을 잘 받들어 행하면 좋은 날은 반드시 돌아옵니다. 아니, 수행하는 그날그날이 모두 좋은 날입니다.

모든 것은 나에게 달려 있습니다. 부디 용기를 잃지 말고 정진합시다. 시대와 환경을 탓할 것이 아니라, 내 마음의 어둡고 밝음을 살펴서 적합한 수행법을 택하십시오. 그리하여 마음자리를 밝혀갈 뿐, 비겁하거나 나약해져서는 안 됩니다.

그래서 부처님께서는 열반 직전에 간곡한 말씀을 남겼고, 야운비구는 그 마지막 설법을 모은 『유교경遺教經』 중에서 다음과 같은 말씀을 취하여 말세 중생의 나아갈 길을 제시하였습니다.

2) 누구나 갖추고 있는 자리이타법

그러므로 부처님께서 이르셨다.

"나는 아주 용한 의사와 같아서 병을 알아 약을 주나니 먹고 먹지 않는 것은 의사의 허물이 아니며, 나는 또한 훌륭한 길잡이와 같아서 사람들을 좋은 길로 인도하나니 듣고서 가지 않는 것은 길잡이의 허물이 아니니라. 자기도 이롭게 하고 남도 이롭게 하는 법이 원래 다 구족되어 있으니, 내가 더 오래 세상에 머물러 있다 할지라도 더 이상 이익될 것이 없느니라. 이제부터 나의 제자들이 이 법을 끊임없이 이어 그대로만 실천하게 되면, 부처님의 법신이 항상 머물러 없어지지 않느니라."

만일 이러한 이치를 분명히 알게 되면, 오직 스스로 도닦지 않는 것을 한탄할지언정 어찌 말세에 태어난 것을 근심할 것인가?

故로 世尊이 云하사대

我如良醫하야 知病設藥하노니 服與不服은 非醫咎也며

又如善導하야 導人善道하노니 聞而不行은 非導過也라

自利利人이 法皆具足하니 若我久住라도 更無所益이라

自今而後로 我諸弟子가 展轉行之則 如來法身이

常住而不滅也라 하시니라

若知如是理則但恨自不修道언정 何患乎末世也리요

『유교경』의 이 법문은 부처님 자신이 아주 용한 의사요 훌륭한 길잡이라는 사실을 강조하기 위해 설하신 것은 아닙니다. "자기도 이롭게 하고 남도 이롭게 하는 법이 원래 다 구족되어 있다〔自利利人法皆具足〕."는 것을 일깨우기 위해 이 법문을 설한 것입니다.

'이롭게 한다'는 것은 살리는 것입니다. 죽이는 것이 아니라 살려가는 것입니다. 살려가고 살아나는 법. 그 법이 누구에게나 다 갖추어져 있다는 말씀입니다.

문제는 내가 내 마음을 어떻게 쓰느냐에 달려 있습니다. 마음 한번 바르게 쓰면 나와 남을 모두 살릴 수 있고, 그 마음을 하나로 모아 삼매를 이루면 능히 해탈을 이룰 수 있게 됩니다.

그러나 중생들이 이것을 알지 못하기 때문에 부처님께서는 무려 45년 동안이나 말씀하셨습니다. 45년 동안 충분히 해탈법을 일러 주셨기 때문에, "내가 더 오래 세상에 머물러 있다 할지라도 더 이상 이익될 것이 없다. 이제부터 나의 제자들은 자리이타의 이 법을 끊임없이 이어서 그대로 실천하기만 하면 부처님의 법신이 항상 머물러서 없어지지 않으리라."고 하신 것입니다.

거듭거듭 이야기하지만 모든 것은 나에게 달려 있습니다. 더 이상 밖에서 찾으려 하지 말고 내 속에 있는 보물 창고를 열어, 나도 풍요롭게 만들고 남도 풍요로울 수 있도록 나누어 주어야 합니다. 자리이타自利利他·자각각타自覺覺他, 나도 살리고 남도 살리고, 나도 깨닫고 남도 깨닫게 해야 합니다.

나의 보물창고도 열고 남 또한 보물창고를 열 수 있도록 인도해 주어야 합니다.

모든 사람이 스스로 갖고 있는 보물창고를 열 때 이 세상은 부처님 세계로 바뀝니다. 이 세계가 그대로 영원한 진리의 몸인 법신의 세계로 탈바꿈되는 것입니다.

이것이 부처님께서 이 세상에 머물면서 설법하신 참뜻입니다. 이 뜻을 진정으로 이해한다면 어찌 말세를 탓할 수 있겠습니까? 오히려 스스로 도 닦지 않음을 꾸짖어야 합니다.

"쉬지 않으면 마침내 이루어지리라."

부처님께서 최후로 설한 이 말씀대로 부지런히 닦기만 하면 삼매는 이루어지기 마련이고 해탈은 자연히 찾아듭니다.

말세설에 현혹되지 마십시오. 말세야말로 방편설方便說입니다. 지금 바로 이 자리에서 공부 잘하여 삼매를 이루면 해탈세계가 열립니다. 이것이 참된 나를 찾는 묘법이요, 이것만이 정법임을 명심하시기 바랍니다.

3. 생사의 큰 일을 해결하려면

1) 대오로써 법칙을 삼아라

엎드려 바라노니, 그대는 모름지기 결렬한 뜻을 일으켜, 기어코 성취하겠다는 마음으로 속된 인연과 뒤바뀐 소견들을 모두 버리고, 진실로 생사의 큰 일(生死大事)을 해결하기 위해 조사의 공안公案을 잘 참구하되, 대오大悟로써 법칙을 삼을 뿐, 부디 스스로를 가벼이 여겨 물러서지 말지어다.

伏望하노니 汝須興決烈之志하며 開特達之懷하고
盡捨諸緣하고 除去顚倒하며 眞實爲生死大事하야
於祖師公案上에 宜善參究하야 以大悟로 爲則하고
切莫自輕而退屈이어다

마침내 야운비구는 주인공에게 엎드려 청합니다.

복망伏望, 엎드려 바란다는 것은 지심정례至心頂禮입니다. 간절하고 지극한 마음으로 스스로를 일깨우는 것입니다. 무엇을 어떻게 일깨우는 것인가? 결단과 정열이 깃든 의지, 기어코 성취하겠다는 마음을 일깨워야 합니다. 그러기 위해서는 무엇보다 먼저 내 마음을 어지럽게 만드는 속된 인연들, 번뇌망상으로 뒤바뀐〔顚倒〕소견들을 모두 버려야 합니다.

가장 소중하게 여겨야 할 참된 마음인 첫째 부인을 멀리하고 오욕락이 넘치는 넷째 부인이야말로 가까이해야 할 소중한 보배로 여기며 살아왔던 뒤바뀐 소견을 버릴 때 헛된 욕심이 사라져서 마음이 맑아지고, 맑아지면 불도를 잘 닦을 수 있습니다. 이것이 부처님과 모든 조사들의 불도 수행에 대한 결론입니다.

불도佛道. 그것은 생사를 해탈하여 부처가 되는 길입니다. 그 길에는 여러 가지가 있습니다. 염불念佛 · 참선參禪 · 관법觀法 · 주력呪力 · 경전공부 등이 그것입니다. 이들 중 『자경문』은 참선 공부를 내세우고 있으며, 여러 가지 참선법 중에서 화두선話頭禪을 권하고 있습니다.

야운비구께서 화두참선공부를 열심히 하여 나옹선사의 법맥을 이은 분이기 때문에 여기에서는 화두선을 강조하고 있는 것입니다. 그러나 꼭 화두참선법만을 고집할 일은 아닙니다. 염불 · 경전공부 · 주력수행 · 봉사활동 그 어떠한 수행법이라도 괜찮습니다. 오히려 지금하고 있는 공부를 더 열심히 하는 것이 중요하고, 더욱 중요한 것은 야운비구께서 주인공을 향해 "크게 깨치는 것으로 근본을 삼고, 부디 스스로를 가벼이 여겨 물러서지 말라."고 설한 구절입니다.

곧 대오大悟, 완전한 깨달음, 크나큰 깨달음을 이룰 때까지는 물러서지 말라는 것입니다. 물러서지 않는 비결은 오직 하나뿐입니다. 참선을 하든 염불을 하든 기도를 하든 경전을 읽든 쓰든, 꾸준하게 하고 간절하게 하는 것. 이 방법 외에는 별다른 요령이 없습니다. '간절 절切' 이것이야말로 불교 모든 수행의 가장 요긴한 방법입니다.

해탈을 향한 일념으로 마음을 모아 꾸준히 나아가는 것이 불교수행의 가장 요긴한 비결이요, 대오를 근본 원으로 삼는 이라야 큰 깨달음을 얻게 되는 것입니다.

부디 불교공부를 하면서 작은 원에만 머물지 마십시오. 지금은 비록 작은 원에 머물러 있을지라도, 차츰차츰 큰 원을 발하며 공부해야 합니다. "진흙이 크면 불상이 크고 물이 높으면 배가 높이 뜬다."는 속담처럼, 원이 크고 간절할수록 큰 깨달음을 이루게 된다는 사실을 잊지 마십시오.

불교의 마지막은 대오입니다. 50%의 깨달음도 90%의 깨달음도 통하지 않습니다. 100%의 확실하고 철두철미한 깨달음을 얻을 때까지 '간절 절切' 한 글자를 마음 깊이 새기면서 고삐를 늦추지 말아야 합니다.

이제 야운스님께서는 노파심으로 말세 수행의 어려움을

이야기하고 있습니다.

2) 수행에 방해되는 인연

이 말세는 성인이 가신 지 오래 되어, 마魔가 강해져 법이 약하고 삿된 사람이 많으며, 남을 잘 지도하는 이는 적고 남을 잘못 지도하는 이는 많으며, 지혜로운 이가 적고 어리석은 사람이 많으니라. 그리하여 스스로만 도를 닦지 않을뿐더러 다른 사람까지 괴롭히나니, 무릇 수행에 방해되는 인연이 말할 수 없이 많으니라.

惟斯末運에 去聖時遙하야 魔强法弱하고 人多邪侈하야
유 사 말 운   거 성 시 오   마 강 법 약   인 다 사 치
成人者少하고 敗人者多하며 智慧者寡하고 愚痴者衆하야
성 인 자 소   패 인 자 다   지 혜 자 과   우 치 자 중
自不修道하고 亦惱他人하나니 凡有障道之緣은 言之不盡이라
자 불 수 도   역 뇌 타 인   범 유 장 도 지 연   언 지 부 진
恐汝錯路故로 我以管見으로 撰成十門하야 令汝警策하노니
공 여 착 로 고   아 이 관 견   찬 성 십 문   영 여 경 책
汝須信持하야 無一可違를 至禱至禱하노라
여 수 신 지   무 일 가 위   지 도 지 도

실로 그렇습니다. 무릇 수행에 방해되는 인연은 수없이 많습니다.

말세인 오늘날의 불교계에는 승려들 중에도 마왕의 백성, 마왕의 아들이나 딸처럼 행동하는 자가 있습니다. 술 먹고

고기 먹고 음행하고 노름을 하여 불교계를 똥칠하는 이들이 종종 있습니다. 그러나 우리는 이러한 말세에 현혹되어서는 안 됩니다. 오히려 더욱 힘을 내어야 합니다.

우리들이 살고 있는 이 시대가 수행을 방해하는 마가 치성하여 도를 닦기 어려운 때라면 어떻게 해야 할까요? 말세에 현혹되고 도닦기를 포기하며 살아야 할까요? 아닙니다. 더욱 정신을 차리고 부처님의 아들딸답게 살아야 합니다. 발심을 더욱 잘하고 수행을 더욱 잘해야 합니다.

"이 말세는 성인이 가신지 오래되어 마가 강하고 법이 약하다."는 말씀을 다시 한 번 생각해 보십시오. 성인은 가고 오는 존재입니까?

아닙니다. 성인은 가고 오는 분이 아닙니다. 성인은 본래부터 불생불멸不生不滅이요 불거불래不去不來입니다. 나는 것도 아니요 멸하는 것도 아니며, 오는 것도 가는 것도 아닙니다. 가고 오는 존재는 바로 우리입니다. 우리가 가고 오며, 우리가 가까워졌다가 멀어지곤 합니다.

곧 "성인이 가신지 오래되었다."는 것은 우리가 성인과 너무 멀리 떨어져 살고 있고, 우리의 상태가 성스러움으로부터 너무 멀어져 있다는 뜻으로 해석할 줄 알아야 합니다.

만일 우리의 신심이 지극하다면 지금도 부처님을 만날 수 있습니다. 지금도 석가모니불의 영산회상靈山會上에 바로 참여할 수 있습니다. 부처님의 몸은 언제나 법계에 가득 차 있습니다.

문제는 우리의 신심입니다. 신심이 없으니 불보살이 바로 옆에 있어도 보지 못할 뿐입니다. 신심만 있다면 말세가 어떻게 생겨나겠습니까? 그리고 항상 부처님과 함께 하거늘, 어떻게 잘못 지도하는 이나 어리석은 자의 유혹에 넘어가겠습니까? 모름지기 신심으로 무장하고 열심히 수행하면 모든 문제는 해결됩니다. 이것을 깊이깊이 명심하십시오.

이제 야운비구는 서론을 끝내고, 주인공을 깨우치는 열 가지 좌우명을 설하기 전에 마지막 다짐과 함께 서론을 정리하는 여덟 구절로 이루어진 노래를 덧붙이고 있습니다.

3) 배우고 닦을지라

그대가 길을 잘못 들까 염려하여, 내 좁은 소견으로 열 가지 문을 마련하여 경책하노니, 그대는 모름지기 이 말을 그대로 믿고 하나도 어기지 말기를 간절히 바라노라.

공여착로고　　　아이관견　　　찬성십문　　　영여경책
恐汝錯路故로　我以管見으로　撰成十門하야　令汝警策하니

여수신지　　　무일가위　　　지도지도
汝須信持하야　無一可違하길　至禱至禱하노라

어리석고　안 배우면　교만만이　늘어나고
어둔 마음　안 닦으면　아상만이　자란다네

주린 배에 높은 마음 굶은 범과 다름없고

앎도 없이 방일하면 원숭이와 한가지라

삿된 소리 마구니 말 곧잘 귀를 기울여도

성인 말씀 현인의 글 듣고 보려 하지않네

착한 도에 인연 없는 그대 누가 제도할까

삼악도에 깊이 빠져 온갖 고통 뿐일러라

우 심 불 학 증 교 만
愚心不學增憍慢이요
치 의 무 수 장 아 인
痴意無修長我人이로다

공 복 고 심 여 아 호
空腹高心如餓虎요
무 지 방 일 사 전 원
無知放逸似顚猿이로다

사 언 마 어 긍 수 청
邪言魔語肯受聽하고
성 교 현 장 고 불 문
聖敎賢章故不聞이로다

선 도 무 인 수 여 도
善道無因誰汝度리요
장 륜 악 취 고 전 신
長淪惡趣苦纏身이니라

"벼는 익을수록 고개를 숙인다."는 속담이 있습니다. 제대로 공부한 사람은 언제나 겸허하고, 제 잘난 멋에 살지 않습니다. 잘난 척하지 않아도 향기가 저절로 피어오르고, 언제나 만족하며 살 수 있기 때문입니다.

문제는 어리석으면서도 배우지 않는 자에게 있습니다. 마음이 어리석으면 배워 익혀 지혜롭게 만들어야 하고, 어둠 속에 휩싸여 있으면 갈고 닦아 빛을 발현시켜야 합니다. 그런데도 교만과 자존심으로 고칠 생각을 하지 않으면 나중에는 걷잡을 수 없는 지경에 이르고 맙니다.

이를 뒤집어 보면, 배우지 않고 닦지 않는 까닭이 바로 교만하기 때문임을 알 수 있습니다. 내가 잘나서 배우지 않든,

열등의식에 휩싸여 닦지 않든 모두가 교만입니다.

배움의 자세는 하심下心하고 숙이는 데서, 적극적으로 구하고자 하는 데서 시작됩니다. 닦지 않고 배우지 않으면 결국은 자기만 손해를 볼 뿐입니다. 자기가 자기를 깨우쳐가지 않으면 누구도 자기를 구제해 주지 않습니다. 배움의 비결은 제 마음을 여는 데 있으며, 제 마음을 열 때 도는 저절로 찾아드는 법입니다.

특히 마음이 어두운 사람일수록 마음의 문을 열어 부지런히 도를 닦아야 합니다. 왜냐하면 도를 닦으면 마음이 공空해지고, 공해지면 마음이 훤해지고 밝아지기 때문입니다. 결국 그 빛은 밖으로까지 뻗쳐 나와, 그 빛을 받는 사람들에게까지 기쁨과 즐거움과 편안함을 안겨줍니다.

그런데 조금 알고 조금 배운 것을 대단한 척하며 고개를 뒤로 젖히고 교만을 부린다면, 아상 · 인상 · 중생상 · 수자상만 커져갈 뿐입니다.

아상我相은 '나다'하는 생각입니다. 곧 교만을 부리는 근본은 아상에서 시작됩니다. 그런데 '나다'할 때는 '너다'하는 생각이 이미 생겨 있습니다. 이 '너다'하는 분별이 인상人相입니다. 그리고 나와 너를 구분하여 '나는 잘났고 너는 못났다'며 상대적인 차별과 시비를 일으키면 업을 지어 중생상衆生相이 자리를 잡게 되고, 그와 같은 시비에 빠지다 보면 과보로써의 수자상壽者相이 생겨나는 것입니다.

곧 나〔我相〕와 너〔人相〕를 구분하다 보면 평등심이 깨어져서 갖가지 업〔衆生相〕을 짓게 되고, 그 결과 애착과 괴로운 삶〔壽者相〕속에 빠져 허덕이게 되는 것입니다. 그러므로 그 무엇보다 아상에서 비롯된 교만함을 버리고 부지런히 배워서 마음을 밝혀나가야 합니다.

그런데 『자경문』의 게송에서처럼 교만에 빠져서 굶은 호랑이나 미친 원숭이 노릇을 하여서야 되겠습니까?

배고프면 먹듯이, 아는 것이 없으면 배워야 합니다. 그것도 성인의 말씀, 부처님의 가르침을 열심히 배워야 합니다. 이러한 가르침을 배우면 번뇌가 저절로 사라집니다. 그러나 도와는 거리가 먼 마구니의 말에 빠져들면 우선은 즐거울지 몰라도 번뇌망상이 계속 생겨나서 뒤가 깨끗하지 않게 됩니다.

> 삿된 소리 마구니 말 곧잘 귀를 기울여도
> 성인 말씀 현인의 글 듣고 보려 하지않네
> 착한 도에 인연 없는 그대 누가 제도할까
> 삼악도에 깊이 빠져 온갖 고통 뿐일러라

부디 이 게송을 명심하시어 누가 나를 제도할지를 잘 새겨보십시오. 그리하여 참된 신심을 일으키고, '불교공부 잘 하여 꼭 부처님 되겠다'는 위없는 결심을 발하시기를 깊이깊이 축원드립니다.

III
자경십문

1. 옷과 음식에 대한 마음가짐

1) 구도자의 인격과 겉모습

첫째, 좋은 옷과 맛있는 음식을 멀리할지니라.

기 일　　　 연 의 미 식　　 절 막 수 용
其一은 **軟衣美食**을 **切莫受用**이어다

야운스님께서는 스스로를 경책하는 열 가지의 첫머리에 '좋은 옷과 맛있는 음식을 멀리하라'는 조항을 두었습니다. 왜 야운스님은 그다지 큰 문제도 아닌 듯한 문제, 오히려 당연하게 받아들여야 할 먹는 것과 입는 것에 대한 이야기부터 시작을 한 것일까요?

바로 "배부르고 등이 따뜻하면 음욕이 일어난다〔飽暖生淫欲〕."는 인간의 무의식적인 본능을 취한 것입니다. 실지로 사람들은 배부르고 편안해지면 갖가지 망상을 일으킵니다. 그런데 망상에 빠져 산란한 마음으로 욕심을 좇아 찾아 헤매고 들뜬 생활을 하다 보면, 자기도 모르게 끝없는 고통의 구렁텅이 속으로 빠져들게 됩니다.

그런데 일개인이 아니라 사회 전체가 이와 같은 상황에 빠져 술렁이다 보면 기아나 전쟁과 같은 큰 비극에 봉착하게 됩니다. 전쟁이나 기아가 사회 전체의 입장에서 보면 박복한 짓을 한 온 국민의 공통된 업〔共業〕으로 인한 일이지만, 개인별로 보면 업 갚음과 동시에 각자의 정신을 차리게 하기 위해 일어나는 것입니다.

우리 민족이 1950년 6월 25일에 발발한 한국전쟁을 겪은 것도 마찬가지이며, 실제로 어려운 시절일수록 '바르게 잘 살아야지'하거나, '도를 닦겠다'는 마음이 생겨나는 경우가 많습니다. 나 또한 한국전쟁 때 이리저리 피난을 다니면서 고생을 많이 하였는데, 먹을 것과 입을 것을 제대로 챙기지 못하고 고생을 하다 보니 정신이 바짝 들고 도를 닦아야겠다는 마음이 더 간절히 일어나곤 하였습니다. 그때의 일화 하나를 소개하겠습니다.

한국전쟁이 일어나 피난길에 올랐던 나는 진주 은석사銀石寺로 가게 되었습니다. 며칠 동안 밥도 제대로 먹지 못하였는데, 은석사에 도착하자 주지스님이 쌀밥 한 사발과 반찬 대신 간장 한 종지를 주었습니다. 나는 간장 한 종지를 밥에 모두 붓고는, 싹싹 비벼서 사흘 굶은 사람처럼 아주 맛있게 먹었습니다.

그런데 밥그릇을 비우자마자 주지스님이 '떠나라'는 것입니다. 그러나 당시 나에게는 주민증도 병적계도 없었기 때문에 함부로 돌아다닐 수가 없었습니다. 여차하면 붙잡혀서 총알받이 노릇을 하거나 빨갱이로 몰려 죽을 수도 있었기 때문입니다. 아무리 가라고 해도 떠나지 않자 주지스님의 마음도 바뀌었습니다.

"그렇다면 공양주供養主 소임을 맡아라."

"예."

내가 열심히 밥을 짓고 설거지도 깨끗이 잘 하자, 주지스님은 칭찬을 아끼지 않았습니다.

"공양주 노릇, 아주 잘 하는구먼."

며칠이 지나자 불공이 아주 많이 들어왔습니다. 주지스님은 나에게 불공 올리는 일을 거들 것을 명하였고, 불공을 남 못지않게 하였던 나는 목탁을 치면서 유창하게 염불을 했습니다. 그러자 주지스님께서 공양주를 그만두고 부전(불공드리는 직책)을 보라고 하였습니다.

얼마 동안 부전을 보던 나는 '이 어려운 시절을 하루하루 살아가는 것에 만족할 것이 아니라 도심을 길러야겠다'는 생각으로 기도를 하기로 작정했습니다.

'불법공부 제대로 하려면 위없는 깨달음을 이루겠다는 무상대발심無上大發心을 일으켜야 한다. 기도를 하자. 기도를 하여 힘을 기르자. 7일 동안 옴마니반메훔 기도를 하되 잠을 자지 말자.'

나는 부지런히 기도를 했습니다. 처음에는 앉아서 하다가 졸음이 오기 시작하자 서서 옴마니반메훔을 외었습니다. 그러나 졸음은 정말 참기 어려운 것이었습니다. 깜빡깜빡 조는 사이에 목탁은 손에서 미끄러져 나가 발등을 찧었습니다. 몇 번 발등을 찧고는 '서서 하는 것도 안되겠다' 싶어 마당을 돌아다니며 염불을 했습니다.

"옴마니반메훔 옴마니반메훔……."

끊임없이 옴마니반메훔을 찾고 비몽사몽간에 옴마니반메훔을 찾다가 6일째 되는 날, 은행나무 밑의 평상에 잠깐 앉았는데 그 즉시 머리를 은행나무에 기댄 채 잠들어 버렸습니다.

순간, 허공 전체가 나의 입안으로 들어왔습니다. 『서유기』에 등장하는 황금대왕이 자기가 들고 있는 병 속으로 무엇이든 '들어오너라' 하면 쫙 빨려들어가듯이, 허공이 입 속으로 빨려들어오는 것이었습니다.

이 꿈에서 깨어나자 그토록 기도를 방해하던 졸음도 저절로 사라져서 칠일 기도를 잘 마칠 수 있었습니다. 때마침 찾아온 마을 이장은 부탁을 하지 않았는데 내가 주민증이 없는 것을 알고 만들어다 주었으며, 나는 더욱 도심을 일으켜 정진하였습니다.

&

이처럼 전쟁으로 인해 춥고 배고팠던 시절이 나의 수행에는 더 큰 밑거름이 될 수 있었습니다.

승려든 속인이든 구도자의 본분은 수행입니다. 수행은 잘 먹고 잘 입는 데서 이루어지는 것이 아닙니다. 오히려 잘 먹고 잘 입으려 하면 타락의 길로 빠져듭니다. 먹는 것과 입는 것에 탐착하지 않는 수행자야말로 참된 부처님의 제자입니다.

옛날 도를 이룬 분들은 먹고 싶은 것을 먹지 않고, 갖고 싶은 것을 갖지 않고, 하고 싶은 것을 하지 않고 수행에만 몰두했습니다. 참기 어려운 것을 참으면서 평생토록 마음을 단련했습니다. 천 번 단련하고 만 번 단련하여 매우 높은 경지에 도달하신 것입니다.

그분들의 모습은 학의 형상과 같았다고 합니다. 뚱뚱하고 기름기 넘치는 얼굴이 아니라 온몸이 학처럼 청수하였다고 합니다. 이것이 수행자의 모습입니다. 우리는 이 모습을 닮고자 노력해야 합니다.

부처님께서는 좋은 옷으로 몸단장하고 맛있는 음식으로 몸을 살찌우는 승려는 도둑과 다름없는 존재라고 하셨습니다. 그리고 부처님께서 승려들에게 오신채五辛菜 등의 냄새

나는 음식과 살생한 고기를 먹지 말라고 한 데는 분명한 까닭이 있습니다.

파·마늘 등의 오신채를 날 것으로 먹으면 신경질이나 화가 잘 나고, 익혀 먹으면 음심淫心이 자꾸 동하며, 이 음식의 냄새를 싫어하는 선신善神들은 멀리 떠나고 이 냄새를 좋아하는 악귀신들이 몰려들어 입을 맞추게 되므로 재수가 없고 수행을 제대로 할 수 없게 된다고 합니다.

그리고 살생한 고기를 먹으면 그 동물이 죽을 때 뿜어낸 독기毒氣를 먹게 되므로 조그마한 이익도 있을 수 없다는 것입니다.

좋은 옷·비싼 옷을 입는 것 또한 마찬가지입니다. 좋은 옷을 입는다고 하여 피부가 더 부드러워지는 것도 아니요, 인격이 올라가는 것도 아닙니다. 좋은 옷에 빠져드는 까닭은 '나를 남한테 잘 보이고 싶어서', '나를 근사하게 만들어 뽐내고 싶어서'라는 생각이 밑에 깔려 있기 때문입니다.

도를 닦는 이가 남에게 잘 보이면 무엇하고 뽐을 내면 무엇합니까? 오히려 자신의 구도求道에 장애만 될 뿐입니다. 스스로를 일깨우는 자경십문自警十門의 첫머리에 '좋은 옷과 맛있는 음식을 멀리하라'는 가르침을 둔 까닭은 바로 여기에 있습니다.

이제 『자경문』의 본문에서는 이를 어떻게 새기고 있는지 살펴보도록 합니다.

2) 은혜를 중히 여겨라

밭 갈고 씨 뿌리는 일로부터 먹고 입는 데 이르기까지,
사람과 소의 공력이 매우 많이 들었을 뿐 아니라, 그 때문
에 죽고 상한 벌레들 또한 한량이 없다.

소와 사람에게 수고를 끼쳐 내 몸을 이롭게 하는 것도
못할 일인데, 하물며 남의 생명을 끊어 내 몸 살리는 일을
어찌 차마 할 것인가?

농부에게도 자주 헐벗고 굶주리는 고통이 찾아들고, 베
짜는 아낙에게도 몸을 가릴 옷이 늘 있을 수가 없는데, 하
물며 항상 손을 놀려뒀던 내가 춥고 배고픔을 어찌 싫어
할까보냐?

좋은 옷과 맛있는 음식은 은혜만 지중하게 하여 도에 손
해가 되지만, 떨어진 옷과 나물 음식은 반드시 시주의 은혜
를 가볍게 하여 음덕을 쌓게 되나니, 금생에 마음을 밝히지
못하면 한 방울의 물도 능히 소화시키기 어려우니라.

자종 경종　　　지우구신　　비도인우　　공력다중
自從耕種으로 至于口身히 非徒人牛의 功力多重이라
역내방생　　손해무궁
亦乃傍生의 損害無窮이니라
노피공이리아　　　　상불연야　　　황살타명이활기
勞彼功而利我라도 尚不然也은 況殺他命而活己를
해가인호
奚可忍乎아
농부　　　매유기한지고　　　직녀　　연무차신지의
農夫도 每有飢寒之苦하고 織女도 連無遮身之衣은

況我長遊手^{황아장유수}어니 飢寒^{기한}을 何厭心^{하염심}이리요
軟衣美食^{연의미식}은 當恩重而損道^{당은중이손도}오 破衲蔬食^{파납소식}은 必施輕而積陰^{필시경이적음}이라
今生^{금생}에 未明心^{미명심}하면 滴水^{적수}도 也難消^{야난소}니라

야운스님의 이 말씀처럼, 한 톨의 쌀이 내 입에 들어오고 한 벌의 옷이 내 몸에 입혀지기까지에는 자연과 인간과 생물들의 수많은 노력이 합해져야 합니다. 수많은 인연因緣이 모이고 쌓여서 우리에게 음식을 제공하고 옷을 주는 것입니다.

뿐만이 아닙니다. 그 사이에는 수많은 희생물이 등장합니다. 숱한 벌레들이 죽어가고, 심지어는 사람들까지 농약에 중독되어 목숨을 잃습니다. 하지만 대부분의 사람들은 이러한 사실을 생각조차 하지 않고 살아갑니다.

그러나 부처님은 달랐습니다. 석가모니부처님이 태자로 있을 시절, 최초로 인생무상人生無常을 느끼고 명상에 잠기게 된 것은 농사를 짓는 현장에서 죽어가는 숱한 생명들을 본 다음부터였습니다.

🌸

봄 농사철이었습니다. 정반왕淨飯王은 싯달타 태자와 모든 석가족의 동자들을 데리고 들로 나아가, 백성들의 밭가는 모습을 구경하였습니다. 그런데 궁중에서 호화롭게만 살아왔던 태자에게는 그 모습들이 말할 수 없는 충격으로 다가섰습

니다.

파리한 농부들은 쟁기를 멘 소를 몰면서 비지땀을 흘렸고, 소는 채찍질을 당하면서 밭을 갈아엎었습니다. 그때마다 땅속의 벌레들이 쟁기날에 찢기고 다치고 끊어진 채 땅 위로 노출되었습니다. 이 벌레들을 까마귀 등의 각종 새들이 재빨리 날아들어 쪼아 먹는 것이었습니다. 크게 놀란 태자는 나무 밑으로 자리를 옮겨 앉아 깊은 사색에 잠겼습니다.

'모든 생명들은 살기 위해서 이 세상에 난 것이다. 그런데 어째서 국왕은 백성을 부려먹고 농사짓는 백성은 소를 부려먹는 것인가? 또 약한 생명들은 밭가는 쟁기의 날에 찢긴 채, 날래고 힘센 날짐승에게 쪼아 먹히고 있으니…. 이것은 있을 수 없는 일이다. 차마 볼 수 없는 현상이다.'

이렇게 태자는 모든 생명에 대한 존엄성과 존재성을 깊이 있게 관찰하면서 나고 죽는 문제를 파고들기 시작하였던 것입니다.

❧

우리는 생명의 존엄성과 관련된 주변의 사실들을 그냥 넘겨서는 안 됩니다. 또 싯달타 태자의 이러한 자세가 뒷날의 성불에 밑거름이 되었다는 사실을 잊어서는 안 됩니다. 부처님의 제자인 우리가 먹고 입는 한 톨의 쌀, 한 조각의 천에는 수많은 인연과 희생이 담겨져 있습니다. 이것을 생각하며 야운스님의 말씀을 곰곰이 새겨 보십시오.

농부라고 하여 배불리 먹습니까? 베를 짜고 옷을 만드는 사람이라고 하여 화려하고 좋은 옷을 입고 삽니까? 아닙니다. 그들은 농산물을 팔고 옷을 팔아 생계를 꾸려가고 있습니다. 그 때문에 자기가 생산한 것이라 할지라도 마음대로 먹고 입지 못합니다. 하물며 농사도 짓지 않고 옷감을 만들지도, 돈벌이를 하지도 않는 승려들이 배불리 먹고 따뜻하게 지낼 것을 바랄 수 있겠습니까?

아무것도 하지 않고 시주의 물건을 받아먹고 쓰기만 하면 빚만 질 뿐입니다. 그 빚은 그냥 넘어가는 빚이 아닙니다. 필경 갚아야 할 빚입니다.

우리는 "승려가 다 성불하면 들판에 한 마리의 송아지도 없을 것이다〔釋子皆成佛 野無一犢者〕."라는 옛말을 농담처럼 받아들여서는 안 됩니다. 이 말 속에는 들판의 송아지 모두가 '승려의 죽은 후신'이라는 무서운 은유가 숨어 있습니다. 평생을 하루같이 일만 해주는 소. 남의 것만 받아먹고 산 빚을 갚기 위하여 소가 되어서, 살아서는 노동을 해서 갚고 죽어서는 고기뿐만 아니라 뼈다귀와 힘줄과 껍질까지 다 바쳐 빚을 갚는다고 합니다.

부처님의 제자 중 교범바제橋梵波提라는 스님이 있었습니다. 스님은 계율을 잘 지켰을 뿐만 아니라 계율에 대해 명확히 해석하는 능력이 있어 해율제일解律第一이라는 칭호를 얻은 분입니다.

어느 해 가을, 오곡이 무르익은 벌판을 거닐던 교범바제 존자는 오동통하게 무르익은 조가 너무도 보기 좋아 손으로 살며시 쓰다듬었습니다. 그러자 좁쌀 세알이 손바닥에 떨어졌습니다. 순간 스님은 고민에 빠졌습니다. 먹자니 남의 곡식이라 훔치는 것이 되고, 버리자니 아까운 곡식을 함부로 하는 것이 되기 때문이었습니다. 그러나 버리는 것보다는 먹는 것이 옳을 것 같아 할 수 없이 먹었습니다.

'남의 곡식을 그냥 먹었으니 빚을 갚아야지.'

스님은 신통력으로 소로 변하여 그 밭에 서 있었고, 밭 임자는 3일 동안 지켜보아도 소의 주인이 나타나지 않았으므로 자기의 소로 삼았습니다. 그날부터 소는 주인이 애쓰지 않아도 스스로 해야 할 일을 알아서 열심히 하였고, 덕분에 그 집은 차츰 부자가 되었습니다.

이렇게 3년을 채운 날, 소가 사람의 음성으로 주인을 불러 당부하는 것이었습니다.

"내일 저녁이면 이 집에 손님 오백 명이 찾아올 것입니다. 지금부터 음식을 장만하여 그들을 잘 대접할 수 있도록 하십시오."

주인은 소가 말하는 것이 너무도 신기하여 음식을 장만하기 시작하였고, 과연 이튿날 저녁이 되자 오백 명의 손님이

밀어닥쳤습니다. 예사 손님이 아니라 칼과 창, 활을 메고 찾아온 도둑들이었습니다. 오백 명의 도둑들은 시장했던 차인지라 차려놓은 음식을 아주 맛있게 먹었습니다.

그런데 먹고 나서 생각하니 이상하기 짝이 없었습니다. 여지껏 도둑질을 하고 다녔어도 먹을 음식을 미리 준비하였다가 대접하는 일은 처음 보았기 때문입니다. 그래서 주인을 불렀습니다.

"어떻게 우리들이 올 줄을 미리 알았는가?"

"저는 몰랐는데, 우리집 소가 손님이 오니 준비를 해 놓으라고 했습니다."

"소가 일러주었다고?"

도둑들은 외양간으로 몰려갔습니다. 순간, 교범바제 존자는 소의 껍질을 벗고 나오면서 도둑들을 향해 일장 설법을 했습니다.

"나는 부처님의 제자 교범바제이다. 3년 전 들판에 곡식이 누렇게 익은 것을 구경하다가, 이 집 밭의 탐스럽게 익은 조를 손으로 만졌는데 좁쌀 세알이 손바닥에 떨어졌다. 그것을 버릴 수 없어 먹고는, 소가 되어 3년 동안 이 집 농사를 지어주었다. 그런데 그대들은 어떠한가? 창과 칼로 위협하여 남의 재물을 마음대로 강탈하였으니, 몇백 번 소가 된다 한들 그 빚을 다 갚을 수 없을 것이다."

스님의 말을 듣고 크게 뉘우친 도둑들은 창과 칼을 버리고 모두 발심하여 스님의 제자가 되었다고 합니다.

§

음식을 먹을 때는 독약을 먹듯이 하고

시주의 물건을 받을 때는 화살을 받듯이 하라

進食如進毒 受施如受箭 진식여진독 수시여수전

교범바제 존자의 일화나 옛 스님네의 이 게송이 어찌 그냥 생겨난 것이겠습니까?

수행인은 한 덩어리의 숫돌과 같이 살아서는 안 됩니다. 그 숫돌에는 김서방이 와서 칼을 갈아가고 박서방이 와서 낫을 갈아갑니다. 갈아간 칼과 낫은 날카롭게 번쩍이지만, 숫돌은 닳고 닳아 마침내 숫돌이 아니게 됩니다. 그런데도 '누가 와서 칼을 갈아가지 않나'하고 기다린다면 어떻게 되겠습니까?

부드럽고 좋은 옷, 맛있는 음식을 기다리는 수행인은 숫돌의 신세를 면치 못하게 됩니다. 많이 얻어 쓰면 많이 얻어 쓰는 만큼 '나'의 도에는 손해가 됩니다. 가져다주는 사람은 복을 짓게 되지만 '나'는 그만큼 빚을 지는 것입니다. 될 수 있으면 빚을 지지 말아야지, 무엇하러 자꾸 빚을 집니까? 닦은 도로써 빚 갚기에 바쁘다면 '나'의 도는 어느 때가 되어서야 이룰 수 있을는지….

그러므로 야운스님께서, "떨어진 옷과 나물음식으로 시주의 은혜를 가볍게 하여 음덕을 쌓아라. 금생에 마음을 밝히지 못하면 한 방울 물도 능히 소화시키기 어려우니라."고 하신 것입니다.

만일 모든 수행자가 이와 같은 정신으로 도를 닦는다면, 해탈의 길이 어찌 멀기만 하겠습니까? 참된 수행자라면 잘 먹고 잘 입겠다는 생각을 아예 하지 말아야 합니다.

잘 입고 잘 먹어도 살 만큼 살다가 죽는 것이고, 못 입고 못 먹어도 살 만큼 살다가 죽습니다. 맛있는 것 못 먹는다고 일찍 죽고 맛있는 것 많이 먹는다고 오래 사는 것이 아닙니다. 무엇보다 먼저 분수를 알아서 만족할 줄 알며 살아야 합니다.

편안히 분수대로 만족할 줄 알라
욕심이 적으면 쾌락해지고
만족할 줄 알면 그것이 부귀이니
청빈 속에서 편히 머물지니라
安分知足 안분지족
小欲快樂 소유쾌락
知足富貴 지족부귀
安住淸貧 안주청빈

청빈과 지족. 이것이야말로 수행인의 가장 기본적인 마음가짐이 되어야 합니다. 야운스님께서 자경십문의 첫머리에 "좋은 옷과 맛있는 음식을 멀리 하라."는 내용을 둔 것도 청빈과 지족이 수행생활의 기본이 된다는 사실을 일깨우기 위한 것입니다.

수행자의 근본정신을 일깨우는 야운스님의 노래. 이제 이 노래를 음미하면서 옷과 음식에 대한 우리들의 정견을 잘 확립하시기를 두 손 모아 당부드립니다.

송하노라.
나무 뿌리 산 과일로 주린 창자 위로하고
솔잎들과 풀옷으로 이내 몸을 가릴지며
들판의 학 푸른 구름 함께 하는 벗을 삼아
높고 깊은 산골에서 남은 삶을 살아가리
菜根木果慰飢腸하고   채근목과위기장
松落草衣遮色身이어다   송낙초의차색신
野鶴靑雲爲伴侶하고   야학청운위반려
高岑幽谷度殘年이어다   고잠유곡도잔년

2. 재물과 돈에 대한 마음가짐

1) 해탈의 문을 여는 자비보시

둘째, 나의 재물을 아끼지 말고 남의 물건을 탐하지 말라.

삼악도三惡道의 괴로움을 가져오는 데는 탐욕의 업이 첫째가 되고, 육바라밀六波羅蜜 중에서는 보시가 으뜸이 되느니라. 간탐慳貪은 능히 착한 길을 막고 자비로 보시하면 반드시 악한 길을 막느니라. 만일 가난한 사람이 와서 구걸하거든 넉넉지 못하더라도 아끼지 말라.

其二는 自財를 不悋하고 他物을 莫求어다

三途苦上에 貪業이 在初요 六度門中에 行檀이 居首니라

慳貪은 能防善道요 慈施는 必禦惡徑이니라 如有貧人이

來求乞이어든 雖在窮乏이라도 無悋惜이니라

자경십문의 첫 번째에서는 옷과 음식에 대해 논하였고 여기에서는 재물을 논하고 있습니다. 곧 '자기 재물은 아끼지 말고 남의 재물은 탐하지 말 것'을 당부하고 있습니다.

옷과 음식과 재물, 이들은 매우 밀접한 관계에 있습니다. 잘 먹고 잘 입으려면 재물이 있어야 합니다. 돈이 있어야 마음에 드는 것을 사고 즐기면서 살 수가 있습니다.

그러나 재물에 대한 욕심은 '나'의 행복한 앞길을 가로막아 버립니다. 곧 돈의 맛을 알고 나면 '돈'의 노예가 되어버리고, 탐욕에 사로잡히다 보면 어느덧 지옥의 문턱에 서게 됩니다. 돈에 대한 욕심 때문에 분수를 잃어 갖가지 허물을 짓게 되기 때문입니다.

그러므로 야운비구는 삼악도의 괴로움, 지옥·아귀·축생의 세계에 태어나서 갖가지 괴로움을 받게 되는 가장 큰 원인은 탐욕이라고 하신 것입니다.

우리는 신문·TV 등을 통하여 매일매일 수많은 사건들을 접하게 됩니다. 험악해진 이 세상에 대해 혐오감을 느낄 만큼 범죄 유형도 갈수록 끔찍해지고 있습니다. 그런데 이 대부분의 사건들은 재물 때문에 일어납니다. 재물을 나의 것으로 만들겠다는 탐욕이 불씨가 되어 남의 생명을 빼앗기도 하고 자식이 부모를 죽이기까지 합니다. 이것이 지옥의 문을 여는 열쇠가 아니고 무엇이겠습니까?

이 돈은 도道의 반대편에 서 있습니다. 돌고 도는 돈이기에, 돈에 집착하면 집착할수록 윤회의 수레바퀴는 더욱 세차게 돌아갑니다. 돈에 얽매이면 '나'의 윤회는 그칠 날이 없습니다. 그러나 돌지 않는 도, 변하지 않는 도, 항상 고요하여 동요되지 않는 도와 합치하면 윤회의 수레바퀴도 구르기를 멈춥니다.

그렇다고 하여 무조건 돈을 적대시해서는 안 됩니다. 왜냐하면 바로 그 돈 속에 도가 있기 때문입니다. 도! 도는 어느 곳에나 있습니다. 돈 속에도 있습니다. 돈 속에 도가 있으므로 도로써 돈을 쓰면 돈을 쓰는 자체가 온통 도로 바뀔 수 있습니다.

도로써 쓰는 돈. 부처님은 이렇게 돈을 쓰는 것을 보시布施라고 하셨습니다. 부처님께서 일러주신 여섯 가지 해탈법인 보시·지계·인욕·정진·선정·반야의 육바라밀六波羅蜜 중에서 첫 번째에 위치한 덕목이 보시입니다.

보시에는 세 가지가 있습니다. 첫째는 재시財施입니다. 물질로써 가난한 사람, 배고픈 사람, 헐벗은 사람에게 베풀어 주는 것입니다. 물론 노동을 통하여 도와주는 보시도 여기에 해당합니다.

둘째는 법시法施입니다. 정신이 온전해질 수 있도록 진리를 베풀어 주는 것입니다. 법시는 재물을 보시하는 것에서 한 단계 더 나아가 재물을 보시할 수 있는 근본정신을 가르쳐 주는 것입니다. 요즘과 같은 물질만능의 시대일수록 올바

른 정신으로 살아갈 수 있도록 도와주는 법보시의 중요성은
더욱 커져야 합니다.

셋째는 무외시無畏施입니다. 두려움 없는 평안한 마음을
가질 수 있도록 베풀어 준다는 것입니다. 세상 사람들이 가
장 두려워하는 것은 죽음입니다. 바로 이 죽음마저 없애줄
수 있다면 완전한 무외시가 이루어집니다.

지금 『자경문』에서는 세 가지 보시 중 재시를 이야기하고
있는데, 재물을 베풀면 인색한 마음이 저절로 사라집니다.
탐하는 마음과 더불어 인색한 마음이 사라지므로 정신이 맑
아지고, 재물로써 남을 돕고 살렸으니 마음 가득 환희가
넘치게 됩니다.

이렇게 될 때 그릇 뚫려 있던 길들이 눈앞에서 사라집니다.
지옥 아귀 축생의 세계가 자취를 감춥니다. 도로써 돈을 쓰
면 틀림없이 좋은 일이 다가오고 좋은 세상이 열리게 됩니
다.

조선 선조 때, 경상도 선산 지방의 갑부인 최현崔晛과 고응
척高應陟은 어느 날 머지않아 전쟁이 일어날 것을 감지하게
되었습니다. 그런데 그날부터 고응척은 가지고 있던 전답을
팔아 호의호식하였고, 최현은 가지고 있던 돈으로 팔기를 원
하는 사람들의 전답을 모두 사주었습니다.

전쟁이 나면 생명을 부지한다는 보장도 없는 판에 전답을 무조건 사들이는 최현의 행동이 너무나 엉뚱하여 고응척이 그 까닭을 물었습니다.

"난들 전쟁이 일어나면 전답이 필요 없다는 것을 왜 모르겠는가? 그렇지만 생각해 보게. 내가 전답을 사주지 않으면 그 사람들은 당장 써야 할 돈을 마련할 수 없을 것이네."

얼마 뒤 임진왜란이 일어났고, 고응척의 후손은 끊어졌으나 최현의 후손인 전주 최씨들은 대대로 부귀를 누리면서 지금까지 이어오고 있습니다.

＆

"간탐은 능히 착한 길을 막고 자비로 보시하면 반드시 악한 길을 막느니라. 만일 가난한 사람이 와서 구걸하거든 넉넉지 못하더라도 아끼지 말라."고 하신 야운비구의 말씀은 바로 이 경우를 두고 말씀하신 것입니다. 그러나 보시의 공덕은 악을 막고 선을 여는 정도에 그치는 것이 아닙니다.

보시바라밀布施波羅蜜은 '보시로써 바라밀한다'는 뜻입니다. 보시로써 피안의 세계로 건너가는 지름길을 삼는다는 것입니다. 그러므로 보시를 잘 하면 해탈대도解脫大道를 이룰 수 있습니다.

단, 여기에는 조건이 있습니다. '자비로써 보시하라'는 것입니다. 동체대비同體大悲! 한 몸의 사랑으로, 내가 나에게 주듯이 남에게 베풀어야 합니다. 주는 사람, 받는 사람, 주고받는 물건. 이 셋을 모두 잊어야 합니다.

"내가 누구에게 무엇을 주었지. 공덕이 클거야."

이러한 자랑 섞인 보시는 자비보시가 아닙니다. 아만의 꼭지가 덜떨어진 보시입니다. 오히려 이러한 보시는 거래와 가깝습니다.

해탈로 직결되려면 서로 동체同體라는 인식 아래 보시가 평등하게 이루어져야 합니다. '내가 너에게'라는 상대적인 생각, '내가 베풀 수 있는 위치에 있기 때문에 베푼다'는 생각을 갖고 있으면 온전한 해탈을 이룰 수 없기 때문입니다.

곧 보시는 평등한 마음에 바탕을 두어야 합니다. 오직 평등한 마음, 자연스러운 마음으로 보시를 해야 합니다. 하나의 법계 속에 살고 있는 미래의 부처될 존재들끼리 기꺼이 나누어 가질 수 있어야 합니다. 이렇게 평등심을 유지하여 보시를 하면 부처님의 평등성지平等性智를 얻어 해탈할 수 있는 것입니다.

이제 야운스님은 죽음과 관련시켜 무소유無所有의 삶을 다시 한 번 강조하고 있습니다.

2) 빈 손으로 가는 인생

올 때도 한 물건 없이 왔고 갈 때 또한 빈손으로 간다.

나의 재물에도 연연할 것 없거늘

다른 이의 재물에 마음을 둘까보냐

살아생전에 아무리 많이 장만할지라도

죽은 다음 가져갈 것은 지은 업뿐이니라

來無一物來오 去亦空手去라 自財無戀志어든 他物有何心
_{내무일물래}   _{거역공수거}   _{자재무연지}   _{타물유하심}

이리 萬般將不去요 唯有業隨身이라
_{만반장불거}   _{유유업수신}

한평생을 아등바등 지내지만 결국은 무엇이 남습니까? 돈입니까? 명예입니까? 권력입니까? 가족입니까? 오직 나의 업業, 내가 지은 업만이 나와 함께 합니다.

오직 업만이 나와 함께 하기에 잘 살아야 합니다. 재물과 사람에 얽매여 허덕이지 말고 주어진 환경에서 최선을 다하면서 살아야 합니다. 주어진 환경 또한 '나의 업'이므로, 이 맺어진 업을 원만하게 풀고 좋은 인연을 새롭게 만든다는 마음으로 살아야 합니다. 그리고 힘닿는 데까지 남을 도우면서 살고, 수시로 마음자리를 갈고 닦아 영혼을 진화시켜야 합니다. 죽은 다음 함께 갈 것은 이것뿐이기 때문입니다.

옛날, 큰 부자가 죽으면서 특이한 유언을 남겼습니다.

"내가 죽어 시신을 장지葬地로 옮길 때, 반드시 두 손을 관 밖으로 나오도록 하여라."

유언에 따라 가족들이 상여를 메고 갈 때 두 손을 관 밖으로 내어 놓아 사람들이 볼 수 있도록 하였습니다.

관 밖으로 내민 두 손. 이것은 무엇을 뜻하는 것일까요?

"사람들아, 보아라. 나는 돈도 많고 집도 크고 식솔들도 많지만, 오늘 이때를 당하여 나 홀로 간다. 부귀영화富貴榮華가 얼마나 허망한 것이더냐. 빈손으로 왔다가 빈손으로 돌아가는 인생. 평생 모은 재산도 한 푼 가져갈 수 없음이니…."

이렇게 관 밖으로 두 손을 내놓도록 한 까닭은 인생은 올 때도 빈손, 갈 때도 빈손임을 깨우치기 위해서였습니다. 그리고 돈보다 더 소중한 무엇을 찾아 인간다운 삶을 살아가야 한다는 것을 무언으로 깨우치고자 했던 것입니다.

물론 올 때도 빈손, 갈 때도 빈손이라는 사실은 삼척동자들까지도 알고 있습니다. 그러나 평생을 돈과 재물 모으기에만 몰두한 사람들 중에는 좋은 일 한번 못하다가 죽는 순간까지 돈의 노예가 되어 흉한 꼴을 당하는 경우를 종종 볼 수 있습니다.

일제시대에 경상북도 경산에는 김해생이라는 만석꾼이 살고 있었습니다. 그는 말할 수 없는 노랭이였습니다. 어쩌다 밥상에 쌀밥이 올라오면 집안 식구 모두를 불러놓고 호통을 쳤습니다.

"왜 보리밥을 안 해먹는 거야? 쌀밥만 해먹으면 집안 망한다. 집안 망해!"

거듭되는 꾸중에 식구들은 쌀밥을 지을 때 보리쌀 한 사발을 솥 밑에 앉혀 노인에게만 보리밥을 주고, 그들은 쌀밥을 먹었습니다. 결국은 김해생만 보리밥을 먹고 살았던 것입니다.

김해생은 전답뿐만 아니라 돈도 굉장히 많았습니다. 그러나 돈을 움켜쥐고만 살 뿐 쓸 줄을 몰랐습니다. 아내에게도 돈을 주는 법이 없었습니다. 아무리 졸라도 돈을 주지 않자, 아내는 장독대에 정안수를 떠놓고 빌었습니다.

"우리 영감, 돈 좀 주도록 해주십시오. 돈 좀 주도록 해주십시오."

그렇지만 이러한 기도도 김해생에게는 통하지 않았습니다. 뿐만이 아닙니다. 김해생은 혼자 있으면서도 무언가를 중얼거리며 다녔습니다. 이상하게 여긴 사람들이 자세히 들어보면 모두가 재산에 대한 것뿐이었습니다.

"저 건너 대추나무골 김생원한테 쌀 한 가마니를 빌려 주었으니, 추수가 끝나면 한 가마니 반을 받을 것이다. 샘골 박노인에게는 소작료로 나락 열 섬을 받아야지!"

날마다 김해생은 받을 것을 계산하며 재물의 노예가 되어 살았습니다. 이렇게 한평생을 살던 김해생에게 어느 날 저승사자가 찾아왔습니다. 평생 모은 돈을 가지고 가야겠다고 생각했던지, 문갑 속에 넣어두었던 100원짜리 세 뭉치를 꺼내어 두 뭉치는 양손에 쥐고 한 뭉치는 입에 꽉 물고 죽었습니다.

일제시대에는 100원이 매우 큰돈이었습니다. 보통 사람은 한평생 100원짜리 한번 만져보지 못하고 죽는 경우가 대부분이었는데, 김해생은 3만원이라는 거금을 저승길로 가져가고자 했던 것이었습니다. 아들들이 아버지의 돈을 빼내려 했지만 워낙 세게 쥐고 있어 뺄 수가 없었습니다. 아들들은 시신을 향해 사정을 했습니다.

"아버지, 돈 주십시오. 돈을 주서야 장사를 치르지요. 이제 그만 돈을 놓으세요."

그러나 죽은 노인은 쥔 돈을 놓을 줄 몰랐습니다. 그럭저럭 9일장을 끝내고 장지로 가야 할 날이 되었고, 아들들은 '억지로라도 돈을 빼앗아야지. 돈까지 묻을 수는 없다'고 결론을 내렸습니다. 하지만 완전히 굳어진 손과 입은 꼼짝을 하지 않았습니다. 아무리 손을 펴고 입을 벌리려 해도 소용이 없었습니다. 할 수 없이 아들들은 펜치로 아버지의 손가락 하나

하나를 부러뜨려 돈을 빼앗았고, 이빨을 모두 뽑고는 돈을 빼냈다고 합니다.

8

이 얼마나 큰 비극입니까? 돈에 대한 애착 때문에 자신의 몸은 고사하고, 자식들로 하여금 아버지의 시신을 상하게 한 죄를 짊어지고 살도록 한 것입니다. 돈을 잘못 쓰면 이토록 처참해집니다. 반대로 남을 위해 돈을 잘 쓰면 삶의 기쁨도 커지고 염라대왕 앞에 가서도 대접을 잘 받을 수 있습니다.

중국 춘추전국시대에 맹상군孟嘗君이라는 제후가 살고 있었습니다. 권세도 높고 재물도 많은 맹상군은 어느 해 생일날, 호화판의 잔치를 베풀었습니다. 상다리가 휘어지도록 음식을 차렸고, 아름다운 풍악소리에 맞추어 미희들은 춤을 추었으며, 손님들이 가져온 선물은 몇 개의 방에 차고도 남았습니다. 맹상군은 유쾌하여 술잔을 높이 들고 말했습니다.

"좋다. 정말 좋구나. 이렇게 좋은 날, 나를 슬프게 만들 수 있는 사람이 있을까? 나를 슬프게 할 자가 있다면 후한 상을 내리리라."

그때 눈 먼 장님 한 사람이 앵금을 들고 맹상군 앞으로 다가섰습니다.

"비록 재주는 없으나 제가 대감의 눈에서 눈물이 나오도록 해보겠습니다."

"좋다. 한번 해 보아라. 재주껏 나를 슬프게 만들어 보아
라."

장님은 앵금을 타기 시작했습니다. 처음에는 천상의 소리
처럼 아름다운 선율로 연주하다가 좀 지나자 지옥의 고통 섞
인 소리를 만들어내었고, 연이어 애간장을 녹이는 듯, 창자
를 끊는 듯한 연주를 계속하였습니다. 모두가 앵금의 소리에
넋을 잃을 즈음, 장님은 기가 막힌 음성으로 노래를 부르기
시작했습니다.

빈손으로 왔다가 빈손으로 가나니
세상의 모든 일 뜬구름과 같구나
분묘를 만들고 사람들이 흩어진 후
적적한 산속에 달은 황혼이어라
空手來空手去 공수래공수거
世上事如浮雲 세상사여부운
成墳墓人散後 성분묘인산후
山寂寂月黃昏 산적적월황혼

노래가 끝나는 순간 장님이 앵금을 세게 퉁기자 줄이 탁 끊
어졌습니다. 앵금줄이 끊어지는 소리가 남과 동시에 맹상군
은 통곡을 했습니다. 그리고는 무엇인가 좋은 일을 하며 살

아야겠다는 결심을 했습니다.

맹상군은 자기 집에 큰 식당을 만들어 놓고, 아침마다 국밥을 끓여 3천 명에게 식사를 제공했습니다. 그 국밥은 누구든지 먹을 수가 있었습니다. 누구든지 하루 한 끼라도 와서 먹으라는 것이었으며, 3천 명의 식객이 먹는 소리가 20리 밖에까지 들렸다고 합니다.

§

장님의 노랫소리에 인생의 실체를 깨달은 맹상군은 자신의 재물을 풀었습니다. 헐벗고 굶주린 이들을 위해 매일같이 3천 그릇의 국밥을 만들었던 것입니다.

우리가 맹상군처럼은 못할지라도, 베푸는 일에는 익숙해져야 합니다. 베풀 것이 있을 때 베풀어야 합니다. '돈을 많이 모은 다음 좋은 일을 하겠다'고 하면서 미룰 일이 아닙니다. 조금 있으면 조금 있는 대로 보시를 할 줄 알아야 합니다. 왜냐하면 이것이 바로 도심道心이기 때문입니다.

사흘 닦은 마음은 천년의 보배가 되고

백년 탐물은 하루아침의 티끌이 된다

삼 일 수 심 천 재 보   백 년 탐 물 일 조 진
三日修心千載寶요 百年貪物一朝塵이니라

야운비구의 이 말씀은 세상 사람들이 즐겨 인용하는 유명한 구절입니다. 이 말씀처럼 우리는 하루아침의 티끌을 담지

말고 천년의 보배를 얻어야 합니다.

베풀면서 마음을 닦고 환희심을 기릅시다. 그리고 형편따라 염불하고 기도하고 참선하여 마음자리를 밝혀갑시다. 이것이 인생을 보배롭게 만듭니다. 이것은 현생에서 뿐만 아니라 내생에서도 '나'의 등불이 됩니다. 세세생생 나와 함께 앞길을 밝혀주는 것입니다.

이제 야운비구가 물욕 많은 승려들을 위해 지은 노래를 음미하면서 돈과 물질에 대한 정견을 잘 확립하시기를 두 손모아 당부드립니다.

어디에서   삼악도의   괴로움이   생겼는가
다생토록   탐심내고   애착 가진   때문일세
부처님의   가사 바루   이대로도   살 만한데
무엇하러   쌓고 모아   무명만을   기르는고

<small>삼 도 고 본 인 하 기   지 시 다 생 탐 애 정</small>
三途苦本因何起오 只是多生貪愛情이로다
<small>아 불 의 우 생 리 족   여 하 축 적 장 무 명</small>
我佛衣盂生理足거늘 如何蓄積長無明고

3. 불자의 말과 행동

1) 말과 도

셋째, 말을 많이 하지 말고 몸을 가벼이 움직이지 말라.

몸을 정중히 가지면 산란함이 쉬어져서 선정禪定을 이루게 되고, 말이 적으면 어리석음을 돌려 지혜를 이룬다. 참된 바탕은 말을 여의었고 참된 이치는 움직이지 않느니라.

입은 재화災禍의 문이니 반드시 엄숙하게 지켜야 하고, 몸은 재앙의 근본이니 가벼이 움직이지 말아야 한다. 자주 나는 새는 그물에 걸릴 위험이 있고, 가벼이 쏘다니는 짐승은 화살 맞을 재앙이 없지 않느니라. 그러므로 세존께서는 6년 동안 설산에 앉아 움직이지 않으셨고, 달마조사도 소림굴에서 9년 동안 묵언을 하셨느니라. 후세에 참선하는 이가 어찌 그 옛 자취를 따르지 않으리.

^{기삼} ^{구무다언} ^{신불경동}
其三은 口無多言하고 身不輕動이어다

^{신불경동즉식란성정} ^{구무다언즉전우성혜}
身不輕動則息亂成定이요 口無多言則轉愚成慧니라

^{실상} ^{이언} ^{진리} ^{비동}
實相은 離言이요 眞理는 非動이라

^{구시화문} ^{필가엄수} ^{신내재본} ^{불응경동}
口是禍門이니 必可嚴守하고 身乃災本이니 不應輕動이니라

^{삭비지조} ^{홀유라망지앙}
數飛之鳥는 忽有羅網之殃이요

^{경보지수} ^{비무상전지화}
輕步之獸는 非無傷箭之禍니라

^고 ^{세존} ^{주설산} ^{육년} ^{좌부동}
故로 世尊이 住雪山호대 六年을 坐不動하시고

^{달마거소림} ^{구세} ^{묵무언}
達磨居少林하사 九歲를 默無言하시니

^{후래참선자} ^{하부의고종}
後來參禪者는 何不依古蹤이리요

자경십문 중 첫 번째 두 번째에서는 옷과 음식, 재물 등 수
도생활 외적인 것에 대해 논하였고, 세 번째에서는 도를 닦
는 이들이 신身·구口·의意 삼업三業중에서 말과 몸가짐을
어떻게 다스려야 하는지를 구체적으로 밝히고 있습니다.

"말을 많이 하지 말고 몸을 가벼이 움직이지 말라."

왜 야운비구는 신·구·의 삼업 중에 '말'에 관한 구절을 첫
머리에 둔 것일까요? 그것은 몸과 입과 뜻으로 짓는 삼업 중
에서 말이 생각과 행동 사이에 놓여 있기 때문입니다.

인간은 생각하는 동물이므로 무수히 많은 생각을 하기 마
련입니다. 나와 직접 관련 있는 생각만이 아니라, 전혀 하지
않아도 되는 번뇌 망상들까지 끊임없이 일으키며 살아갑니

다. 그러나 그 수많은 생각의 대부분은 그냥 사라져버리고, 일부만이 말이라는 자기표현의 수단에 의해 표출이 됩니다.

문제는 이때부터 생겨납니다. 아무리 많은 생각도 속에 있을 때는 문제가 되지 않지만 내뱉고 나면 달라집니다. 표출된 그 말들로 인해 뜻하지 않은 상황으로 비화되는 경우가 자주 생겨납니다.

곧 별 생각 없이 한 말일지라도 일단 내뱉고 나면 비난을 받거나 그 말에 대한 책임을 져야 하고, 책임을 지기 위해서는 많은 노력을 기울여야 하며, 비난 등과 함께 마음의 평정을 잃어 방황하게 되기 때문입니다.

나아가 야운스님께서는 '입이 재화의 문〔口是禍門〕'이라고까지 하셨습니다. 부드럽기 짝이 없는 세치 혀를 잘못 내두르면 도끼가 되어 남의 마음에 깊은 상처를 심어줄 뿐 아니라 사람을 상하게 할 수도 있기 때문에, 입을 '반드시 엄숙히 지켜야 한다〔必可嚴守〕'고 당부하셨습니다.

실제로 우리 주위에는 말 한마디에 천 냥 빚을 갚는 경우도 있지만, 한마디 말에 충격을 받아 인생을 망치는 사람도 적지 않습니다.

어떤 사람이 아들을 하나 낳아서 키우는데, 어떻게 된 셈인지 백일이 지나도 곧추 안을 수가 없고 돌이 지나도 일어나

앉지 조차 못했습니다. 그러면서도 먹을 것은 다 먹고 저 할 말은 다 했습니다. 다만 하나, 나이 15세가 넘도록 질펀히 누 워 부모의 봉양을 받으며 사는 것이 탈이었습니다.

그런데 집이 가난하여 어머니가 엿을 받아다가 집집마다 돌아다니며 행상을 했습니다. 이렇게 엿장사로 생계를 이었 는데, 이상하게도 집에 갖다놓은 엿이 자꾸 없어지는 것이었 습니다. 병신이지만 두 눈을 멀뚱멀뚱하게 뜨고 누워 있는 아들이 집을 지키고 있는데 번번이 몇 가락의 엿이 사라지는 것이었습니다.

'아무래도 이상하다.'

하루는 어머니가 집을 비우는 체하고 숨어서 지켜보았습 니다. 그랬더니 누워 있는 병신 아들이 이불 속에서 노끈에 맨 장수하늘소를 꺼내는 것이었습니다. 아들이 노끈 한 쪽 끝을 쥐고 장수하늘소를 벽에 붙이자, 먹을 것 냄새를 맡은 장수하늘소가 벽을 타고 기어올랐습니다. 선반 위에 둔 엿그 릇에 도착한 장수하늘소가 엿 한 가락을 저 먹을 양으로 끌 어안았을 때, 아들은 조금씩 조금씩 줄을 당겼습니다.

장수하늘소는 엿을 놓을 수도 떨어질 수도 없어 몇 개의 발 로 벽을 기어 내려왔습니다. 장수하늘소가 가까이 왔을 때 병신 아들은 엿을 빼앗아 베개 밑에 감추었고, 또다시 장수 하늘소를 선반 위의 엿그릇으로 출장 보내는 것이었습니다. 여기까지 보고 있던 어머니는 방문을 열어젖히며 저도 모르게 외쳤습니다.

"야, 이 도둑놈아!"

아들은 노끈을 놓으며 한숨을 푹 쉬었습니다.

"어머니, 그렇게 말할 수밖에 없습니까? 나도 얼마 안 있으면 일어나게 될 거고, 일어나면 일을 해서 세상을 살아가야 하지 않겠습니까? 그런데 첫 번째 인사가 '도둑놈'이라니요? '병신 녀석이 어떻게 그런 지혜가 다 났누?'라고 말하면 발명가가 되는지 누가 알겠소?"

그러면서 눈물을 흘리는 것이었습니다. 아들은 자기가 한 말대로 오래지 않아 일어나서 앉았고, 곧이어 서고 걷기 시작하더니 여느 사람처럼 행동하게 됐습니다. 그리고는 어머니의 말 그대로 도둑이 되었습니다. 그 뛰어난 지혜로 도둑이 되었다가 형장의 이슬로 사라진 것입니다.

§

세 치 혀가 때로는 이토록 무섭게 작용합니다. 그러므로 재앙과 화의 문이 되는 입을 철저히 지키라고 당부하신 것입니다.

이처럼 말을 잘못하면 삶에 전혀 도움이 되지 않습니다. 하물며 도를 닦는 데 있어서야 더 논할 것이 있겠습니까?

더욱이 어떠한 말로도 참된 바탕인 실상實相을 설명하기는 어렵습니다. 왜? '실상은 말을 떠났기 때문〔實相離言〕'입니다.

실로 말은 알맹이가 아닙니다. 말은 핵심이나 본질이 아닙니다. 따라서 참되게 살고자 하는 이들은 부질없는 말을 쫓으며 살아서는 안 됩니다. 아무리 좋은 말이라 할지라도 절제할 줄 알아야 합니다.

옛날 한 수행자가 큰스님을 찾아가서 여쭈었습니다.
"팔만대장경이 무엇입니까?"
"끓는 솥 속의 종발鐘鉢이 내는 소리다."
"무슨 말씀입니까?"
"아무리 입으로 불〔火〕이라 하여도 입은 뜨겁지 않느니라."

일제시대에 『불교』라는 잡지를 창간하면서 만공滿空스님께 권두언을 부탁하자, 스님께서는 즉석에서 무궁화 꽃 한 잎을 따다가 붓으로 글씨를 썼습니다.
"眞言不出口 眞言不出口(진언불출구)"
'참된 말은 입에서 나오지 않는다'는 뜻의 이 글을 쓰고 나자, 무궁화 꽃잎이 또르르 말려 글씨가 보이지 않게 되었습니다.

참된 것. 과연 진짜가 무엇입니까? 그림의 떡으로는 배부르지 않고, 그림 속의 호랑이는 위력을 발휘할 수 없으며, '불이야'하면서 아무리 외쳐본들 입은 뜨겁지 않습니다.

이와 같이 말은 실상이 아닙니다. 본질이 아닙니다. 핵심이 아닙니다. 실로 중요한 것은 진짜를 얻는 실속입니다.

그런데 말이 많은 사람의 대부분은 실속이 없습니다. 내뱉은 말로 인해 번뇌망상이 꼬리를 물고 일어나기 때문에, 마음이 고요해질 날이 없습니다. 마음이 고요하지 못한데 어떻게 참된 삶이나 도와 계합한 삶을 살 수가 있겠습니까?

그래서 3조 승찬대사僧璨大師께서는 『신심명信心銘』에서 이렇게 말씀하셨습니다.

> 말 많고 생각 많으면 오히려 상응치 못하고
> 말을 끊고 생각 끊으면 통하지 않음이 없다
> **多言多慮 轉不相應** 다언다려 전불상응
> **絶言絶慮 無處不通** 절언절려 무처불통

진정 우리가 실속을 차려서 참된 도를 이루고 참된 삶을 얻고자 한다면 될 수 있는 대로 말을 줄이고 근본을 돌아보는 삶을 살아야 합니다.

2) 행동과 도

이제 행동에 대한 야운스님의 가르침을 살펴봅시다. 야운비구께서는 '몸을 가벼이 움직이지 말라〔身不輕動〕'고 하셨습니다.

움직임〔動〕이 무엇입니까? 변하는 것입니다. 굴러서 변해가는 것입니다.

변하는 것. 그것은 곧 생사법生死法입니다. 참되고 한결같은 마음자리를 볼 수 있는 진리법眞理法이 아닙니다. 변화하는 생사법에 따라 동요하는 이가 어찌 참된 진리법을 얻을 수 있겠습니까? 도를 닦는 이는 동요하지 않는 마음자리를 찾고자 노력하는 사람들이기 때문에 야운비구께서 '몸을 가벼이 움직이지 말라'고 하신 것입니다.

이어서 야운비구는 '몸을 정중히 가지면 산란함이 쉬어져서 선정을 이루게 된다'고 하셨습니다. 과연 몸을 정중히 가지면 선정을 이룰 수 있는 것인가? 그렇습니다. 야운비구의 말씀 속에는 수행의 원리가 감춰져 있습니다. 그 원리를 함께 살펴보도록 합시다.

우리의 몸은 마치 밑이 동그란 항아리와 같습니다. 너무나 동그랗기 때문에 가만있지를 못합니다. 바람만 살짝 불어도 그 항아리는 움직입니다. 일렁일렁, 일렁일렁. 대부분의 시간 동안 항아리는 움직이고 있습니다.

그런데 그 항아리 속에는 번뇌망상이라는 구정물이 들어 있습니다. 그 구정물을 가라앉히기 위해서는 항아리가 움직이지 않아야 할 텐데, 끊임없이 움직이니 구정물 찌꺼기가 언제나 부옇게 떠다닐 수밖에 없는 것입니다.

그럼 어떻게 해야 하는가? 이 항아리, 바로 우리의 몸을 계행戒行이라는 밧줄로 꼭 묶어 놓아야 합니다. 계율로써 꽁꽁 묶어 움직이지 않도록 만들어야 합니다. 그렇게 되면 항아리는 안정을 되찾게 됩니다. 그때 생겨나는 것이 정력定力, 곧 선정禪定의 힘입니다.

움직이지 않는 정력을 성취하면 찌꺼기는 저절로 가라앉고 위쪽에는 맑은 물만 남게 됩니다. 이 맑은 물에는 모든 것이 있는 그대로 비치게 되니, 이것이 지혜입니다. 이렇게 함으로써 마침내 계戒·정定·혜慧 삼학三學을 모두 이루고 해탈할 수 있게 되는 것입니다.

그러므로 해탈을 이루고자 하는 이는 몸을 정중히 가져서 울렁거리는 항아리, 동요하는 몸과 산란한 마음을 다스려야 합니다. 고삐 풀린 망아지처럼 이리저리 돌아다니며 간섭하고, 쓸데없는 일에 개입하여 망상을 피운다면 계·정·혜 삼학은 언제 나의 것이 되겠습니까?

야운스님의 말씀처럼, 참된 바탕은 말을 여의었고 참된 이치는 움직이는 것이 아닙니다[實相離言 眞理非動]. 마음자리를 찾고 진리를 구하는 이라면 언제나 말과 행동을 절제하면서 살아야 합니다.

함부로 몸을 내돌리다가 좋지 않은 인연을 만나 몸을 버리고 인생을 망치는 경우를 우리는 자주 보지 않았습니까?

'자주 나는 새는 그물에 걸릴 위험이 있고, 가벼이 쏘다니는 짐승은 화살에 맞을 재앙이 없지 않다'고 하셨습니다. 그러므로 우리는 불운 자체가 다가오지 않도록 미리 다스려야 하며, 그렇게 하기 위해서는 내가 있을 자리, 내가 있어야 할 자리에 있어야 합니다.

3) 묵연히 도를 닦아라

진리를 추구하는 수행자는 있을 자리에서 묵연默然히 도를 닦아야 합니다. 특히 출가수행자라면 석가모니부처님이나 달마대사를 표본으로 삼아 한세상 안 태어난 셈치고 도를 닦아야 합니다.

석가모니부처님은 설산雪山에서 고행苦行하실 때 6년 동안 한 자리에 계셨습니다. 그리고 전혀 동요됨 없이 공부를 하였기에 까치가 머리 위에 둥지를 틀었다고 합니다. 여러 경전에 인용된 그때의 모습을 조금 옮겨보겠습니다.

"싯달타 태자는 숲속에 고요히 앉아 선정을 닦되, 하루

쌀 한 숟가락과 참깨 한 숟가락을 먹거나 쌀 한 낱, 깨 한 알을 입에 넣고 앉아 있었다. 옷은 몸을 겨우 가리는 베옷 한 벌이 전부였으며, 몸을 씻거나 머리를 깎지도 않았다. 바람이 불거나 비가 오거나, 겨울이나 여름이나 같은 모양으로 한 자리에 앉아 있었다.

이렇게 한 해 두 해가 지나자 살은 다 말라버렸고, 오직 종잇장 같은 살갗이 뼈를 감싸고 있는 형체로 바뀌었다. 손으로 몸을 만지면 털이 말라 떨어졌고, 배를 만지면 문득 등뼈가 만져지는 것이었다.

이렇게 마른 나뭇가지처럼 앉아있노라면 나무하러 온 아이들이 쑥대로 콧구멍도 찔러 보고 귀도 당겨보고 흙과 먼지를 끼얹기도 하였다. 그러나 태자는 죽은 듯이 조금도 움직이지 않았다.”

싯달타 태자는 움직임 없는 한결같은 자세로 도를 닦아 부처가 된 것입니다.

그리고 중국 선종의 초조初祖 달마대사가 선을 펼 때를 기다리면서 소림굴에서 벽을 바라보며 9년 동안이나 앉아 있었다는 것은 모든 사람들이 익히 알고 있는 고사입니다.

수행자들 특히 출가수행자는 부처님이나 달마대사의 이와 같은 묵연한 수행을 본받고 따르고자 해야 합니다. 결코 함부로 말하거나 가벼이 움직여서는 안 됩니다. 이렇게 한결같은 마음으로 진득하게 공부하면 반드시 도는 익게 됩니다.

그렇다면 전혀 말을 하지 않고 살아야 하는 것인가? 아닙니다. 산 중에 사는 수도자라 할지라도 꼭 해야 할 말이 있습니다. 그리고 꼭 움직여야 할 때가 있습니다.

정법正法! 부처님의 바른 법을 위할 때는 주저 없이 말하고 곧바로 움직여야 합니다.

한국전쟁 후 불교정화운동이 일어났을 때 전국 산중에 숨어 있던 고승들은 즉각 속세로 나왔고, 부처님의 법이 아닌 대처불교를 막기 위해 목소리를 높였습니다. 물론 이처럼 거창한 일이 아닐지라도 정법을 위하고 정법을 펼 때는 기꺼이 말을 하고 움직일 줄 알아야 하는 것입니다.

정법불교를 위하고 정법불교를 추구하며 사는 불자! 평소에는 말을 줄이고 신중하게 행동하는 불자로 지내다가도, 불교를 위하고 정법을 위할 때는 분명히 말하고 분명히 행동할 줄 아는 불자가 되어야 합니다. 만약 우리 불자들이 이것을 분명히 기억하면서 공부한다면 결코 불교를 욕되게 하는 일은 일어나지 않을 것입니다.

이제 말조심·행동조심을 당부한 야운스님의 노래를 음미하면서 묵묵히 진중하게 사는 불자가 되기를 두 손 모아 축원드립니다.

4. 좋은 벗 좋은 스승

1) 도를 성숙시키는 선우

넷째, 선우善友는 가까이하고 삿된 벗은 멀리하라.
其四는 但親善友하고 莫結邪朋하라

자경십문 중 네 번째 내용은 선우善友, 곧 스승과 벗을 가려서 사귀라는 것입니다.

선우善友는 달리 사우師友라고 하며, 사우에는 세 가지가 있습니다.

① 나를 이끌어주고 지도해 주는 교수사우教授師友
② 함께 배우고 함께 닦아가는 동행사우同行師友
③ 보호해주고 뒷바라지해 주는 외호사우外護師友

스승과 도반, 나의 도를 길러주고 수행을 잘할 수 있도록 뒤를 보살펴 주는 이는 모두가 사우요 선우입니다. 부모도 선우가 될 수 있고, 부부도 형제도 길거리에서 우연히 마주친 사람도 선우가 될 수 있습니다.

❀

옛날, 남편을 일찍 여읜 과부가 외동아들과 함께 살고 있었습니다. 비록 살림은 넉넉지 않았지만, 어머니의 지극한 정성과 아들의 극진한 효성은 그들 모자母子의 마음을 언제나 넉넉하게 만들었습니다. 아들의 나이 15세가 되었을 때, 어머니는 간곡하게 아들의 출가를 권하였습니다.

"여기서 세월만 먹고 살기보다는, 훌륭한 고승이 되어 죽은 아버지를 천도해주고 박복한 이 애미도 제도해주면, 그것보다 더 큰 효도가 어디 있겠느냐."

아들은 어머니의 뜻대로 출가하여 중이 되었습니다. 그러나 절에서의 생활도 속세와 크게 다를 바가 없었습니다. 두 해가 지나, 아들이 어떻게 공부하고 있는지를 알아보기 위해 어머니는 절로 찾아갔습니다. 그러나 공부는커녕 놀기만 하는 아들을 보고 어머니는 크게 노했습니다.

"부모의 천도나 제도는 고사하고, 스스로도 구제 못할 이 땡추 같은 놈아!"

아들을 꾸짖으며 호되게 매질을 한 어머니는 차려주는 밥도 먹지 않고 가버렸습니다.

'어떻게 해야 중노릇을 잘하는 것일까?'

곰곰이 생각하던 아들의 머리에는 죽은 영혼을 천도하고 각종 불공佛供을 집전하는 의식승儀式僧이 고승의 모습으로 부각되었습니다. 그날부터 아들은 아버지의 천도를 염두에 두면서 10년 동안 각종 범패梵唄와 영산작법靈山作法 등의 의식을 익혔습니다.

어느 날 큰 재齋를 열게 되자 아들은 어머니를 모셨습니다. 큰 고깔에 가사·장삼을 입고 영산작법을 멋지게 집전하고 있는데, 어머니가 달려들어 지팡이로 아들을 사정없이 내리쳤습니다.

"이놈, 천도·제도해 달랬더니 무당노릇 하려고 절에 들어왔느냐!"

'참된 중노릇은 어떻게 하는 것인가?'

아들은 며칠을 생각하다가 설법 잘하는 강사講師가 되어야겠다는 결심을 하고 강원講院에 입학했습니다. 『초발심자경문』부터 『화엄경』까지를 모두 배워 마치고 이름 있는 강사가 된 뒤, 아들은 다시 어머니를 모셨습니다.

제자들을 데리고 절 입구까지 나가서 극진히 환영하여 모셨지만, 막상 불경을 가르치는 아들을 본 어머니는 서리 낀 얼굴이 되어 유혈이 낭자하도록 때렸습니다.

"이놈아, 글 배우고 글 가르치려면 속세에서 할 일이지, 무엇하러 절에까지 와서 야단이냐!"

'10년의 범패공부, 10년의 불경공부가 모두 헛된 공부라니? 도대체 무엇이 잘못된 것인가!'

방문을 걸어 잠그고 요기조차 거절한 채 며칠 동안 고민하던 아들은 『전등록傳燈錄』을 뒤적이다가 무릎을 쳤습니다.

'아하! 중노릇 잘하는 법이 바로 여기에 있었구나.'

아들은 '자성자리 찾는 것이 참된 공부'라는 것을 깨닫고, 먹을 것과 낫 등을 준비하여 깊은 산속으로 들어갔습니다.

1년이 지난 뒤, 어머니는 소식이 끊어진 아들을 만나기 위해 절을 찾았습니다. 제자들로부터 '식음을 전폐하고 혼자 있더니 산속으로 가버리더라'는 말을 들은 어머니는 그날부터 어디엔가 아들이 있을 그 산속을 찾아 헤매기 시작했습니다. 이 골짜기, 저 골짜기 깊은 산 구석구석 수도할 만한 곳을 샅샅이 찾아다녔습니다.

몇 달을 찾아다니다가 개울물에서 세수를 하고 일어서는데, 작은 모래밭에 찍힌 사람의 발자국이 눈에 들어왔습니다. 발자국을 따라 조금 올라가니 띠 풀로 엮은 거적 덮인 굴이 보였습니다.

거적을 걷고 굴 안을 들여다보니, 과연 산발한 머리에 누더기를 걸친 채 가부좌를 하고 앉아 있는 사람이 있었습니다. 얼굴에는 땟물이 흐르고 피골이 상접하여 볼품은 없었지만, 그는 틀림없이 자기 아들이었습니다.

"아들아!"

어머니는 아들에게 와락 달려들어 목을 안고 통곡했습니다. 선정禪定에 잠겨 있던 아들은 어머니의 울음소리가 귀를 울리는 바로 그 순간 도를 깨쳤고, 어머니는 선정에 잠겨 있던 아들이 눈을 뜨는 순간 그 눈에서 뿜어나오는 형형한 안광眼光을 보고 도를 깨쳤습니다. 모자가 함께 도를 깨친 것입니다.

§

어머니의 지극한 정성과 아들의 효심 어린 공부는 두 사람이 동시에 도를 깨닫는 결과를 안겨주었습니다. 이러한 모자야말로 진정한 선우善友요 사우師友 관계라고 하지 않을 수 없습니다.

이제 부처님의 말씀에 의지하여 좋은 벗과 삿된 벗에 대한 기준을 잡아봅시다. 『아함경』에서 부처님은 네 종류의 선우와 네 종류의 악우에 대해 설하셨습니다.

좋은 벗인 선우善友는

① 바른 마음가짐과 어진 생각으로 남을 인도하고 그릇됨을 멈추게 해줄 수 있는 사람입니다.

② 남이 잘 할 때 함께 기뻐할 줄 알고 칭찬을 아끼지 않으며, 남이 잘못할 때 근심할 줄 아는 자비심 깊은 사람입니다.

③ 남의 게으름을 방관하지 않고 남의 재산에 손상을 입히

지 않으며, 공포를 느끼게 함이 없이 훈계 할 수 있는 사람입니다.

④ 자신의 몸과 재산을 아끼지 않고 남을 구제하면서 함께 깨닫기를 잊지 않는 사람입니다.

　나쁜 벗인 악우惡友는

① 두려움을 주어 상대방을 억누르거나, 먼저 주고 나중에 빼앗거나, 적게 주고 많이 바라거나 사리사욕을 위해 친교를 맺는 사람 등입니다.

② 선과 악을 구별하지 못하거나, 겉으로는 착한 척하면서도 비밀이 많거나, 남이 고난에 처하였을 때 모른 체하는 사람 등입니다.

③ 때와 장소를 가리지 않고 광기를 부리거나 조그마한 허물을 큰 시빗거리로 삼아 폭력을 휘두르는 사람 등입니다.

④ 득이 되지 않는 사람이니, 술 마시고 도박 할 때나, 음행淫行하고 노래 부르고 춤을 출 때만 벗이 되는 사람 등입니다.

　우리는 이와 같은 부처님 말씀을 좋은 벗과 삿된 벗을 가리는 기준으로 삼아야 합니다. 왜냐하면 주위 환경이나 분위기는 사람을 그 속에 젖어들게 하는 무서운 힘이 있기 때문입니다.

선우는 좋은 환경입니다. 향 피운 방에 들어가면 향내가 몸에 스며들고, 변소에 있다가 나오면 구린내가 몸에 배이기 마련입니다.

또 연못 속의 얼음을 녹이고자 하여 뜨거운 물을 붓는다고 합시다. 그때 얼음이 견고하면 뜨거운 물마저 금방 얼음으로 바뀌어 버립니다. 반대로 얼음을 가마솥 속에 던져 넣으면 순식간에 녹아 물이 됩니다.

이렇듯 주위 환경이나 분위기는 사람을 그 속으로 젖어들게 하는 무서운 힘이 있습니다.

그럼 많고 많은 사람들 중에서 누구를 인생의 도반, 수행의 도반으로 삼을 것인가? 당연히 선우를 택해야 합니다. 야운 비구는 『자경문』을 통하여 간곡히 설하셨습니다.

새가 쉬고자 할 때 반드시 숲을 고르듯이, 진리를 배우는 사람은 반드시 스승과 벗을 가려야 한다. 좋은 숲을 택한 새는 잠자리가 편안하고, 스승과 벗을 잘 만나면 학문이 높아지느니라.

그러므로 좋은 벗 섬기기를 부모님 모시듯 하고, 악한 벗은 원수처럼 멀리해야 하느니라. 학도 까마귀와 벗할 생각이 없거늘 붕새가 어찌 뱁새와 짝하려 생각하리.

조 지 장 식   필 택 기 림   인 지 구 학   내 선 사 우
鳥之將息에 必擇其林이요 人之求學에 乃選師友니

擇林木則其止也安_{하고} 選師友則其學也高_{니라.}
故_로 承事善友_를 如父母_{하고} 遠離惡友_를 似寃家_{니라.}
鶴無烏朋之計_{어니} 鵬豈鷦友之謀_{리요}

한갓 미물인 새도 날아가다가 쉬려고 할 때는 아무 곳이나 내려앉지 않습니다. 숲을 고르고 쉴 만한 장소를 찾아서 쉽니다. 하물며 생사를 해탈하고자 하는 수행자나 부처님의 바른 가르침을 따르는 이들이 아무 때 아무 장소에서 아무하고나 어울려서야 되겠습니까? 스승과 벗을 잘못 만나 한번 삿된 길로 접어들면 되돌아오기가 쉽지 않습니다. 제자리를 찾기가 참으로 어렵습니다.

특히 처음 불교에 입문하였거나 수행을 잘하고자 하는 이는 나를 올바로 인도해줄 스승을 찾고, 서로를 격려하며 함께 도를 닦을 수 있는 좋은 도반을 골라야 합니다. 그래야만 도가 높아질 수 있습니다.

아울러 중생을 제도하고 번뇌를 끊고 법문을 배우고 불도를 이루겠다는 사홍서원을 발하여야 합니다. 출가인이라면 해탈대도를 이루어 '부처가 되겠다'는 큰 뜻을 품어야 하고, 재가인이라면 보살이 되어 깨어나는 멋진 삶을 살겠다는 뜻을 지녀야 합니다.

곧 대붕大鵬과 같은 크나큰 기개氣槪를 갖추어야 합니다. 한번 날갯짓을 하면 10만8천리를 날고 바다 속의 용을 잡아

먹는 대붕처럼 큰 뜻을 가지고 살아야 합니다.

'반드시 부처가 되겠다'거나 '보살의 길을 걷겠다'는 뜻을 세우고, 대붕처럼 살기를 작정한 이라면, 어찌 까마귀나 뱁새와 함께 어울릴 생각을 하겠으며, 학처럼 고고하게만 살려고 하겠습니까?

마땅히 같은 뜻, 같은 이상을 지닌 사람과 한 무리가 되어 좋고 높은 뜻을 이루고자 해야 할 것입니다.

소나무 숲 사이에서 자라나는 칡은 천 길을 곧게 올라가고 띠 풀 위의 나무는 석자를 넘지 못하나니, 어질지 못한 소인들은 언제나 멀리 여의어야 하고 뜻을 얻은 고상한 사람들은 항상 가까이 해야 하느니라.

松裏之葛은 直聳千尋이요 茅中之木은 未免三尺이니
無良小輩는 頻頻脫하고 得意高流는 數數親이어다.

그렇습니다. 높고 깊고 훌륭한 뜻을 지닌 우리는 칡넝쿨이 되어야 합니다. 훌륭한 스승과 도반에 의지하는 칡넝쿨이 되어 살아가고 수행해야 합니다. 이렇게 공부하면 도가 점점 무르익어 천 길을 뻗어오를 수 있지만, 스승과 도반 없이 띠 풀 속에 혼자 서 있는 나무가 되면 아무리 자라본들 석자를 넘지 못하게 됩니다.

모름지기 출가수행자라면 총림(叢林, 종합수련장)이나 격식을 갖춘 수행처를 찾아 좋은 도반들과 함께 수행하고, 재가 수행자라면 배움이 깊은 법회에 참여하면서 선우들과 함께 불법을 익혀야 합니다.

선우는 이 사바세계에서 피안의 세계로 함께 건너가는 도반입니다. 도반들은 서로서로 함께 타고 가는 배의 돛대와 삿대 같은 관계를 유지해야 합니다. 만일 서로를 소홀히 하게 되면 모두가 물에 빠져 죽게 됩니다. 그러므로 도반은 언제나 서로를 도와야 합니다. 서로를 돕고 아끼고 격려하고 일깨우면서, 피안의 세계를 향해 나아가야 하는 것입니다.

2)조사관祖師關

야운비구는 자경십문의 네 번째, '선우를 가까이하고 삿된 벗을 멀리하라'는 교훈을 던진 다음 한 수의 의미 깊은 노래를 지었습니다.

행주좌와   어느 때나   선우를   가까이 하고
몸과 마음   잘 다스려   가시덤불   제거하라
가시덤불   모두 없애   앞길 활짝   트이면

한걸음도　안옮기고　조사관을　통과하리
住止經行須善友　身心決擇去荊塵
荊塵掃盡通前路　寸步不離透祖關

여기서 우리가 특별히 알고 넘어가야 할 것은 조사관祖師關에 대해서입니다.

조사관은 조사선祖師禪, 곧 조사의 선 세계로 들어가는 관문關門입니다. 선을 닦는 수행자가 통과해야 할 관문, 바로 이 관문을 통과해야만 앞서 들어간 모든 조사들과 함께 깨달음의 세계에서 노닐 수가 있게 됩니다.

그럼 이 관문은 누가 지키고 있는가? 앞서 도를 깨달은 조사가 지키고 있습니다. 언어와 문자, 이론과 지식을 초월하여 곧바로 마음자리를 보고 자성불自性佛을 확실하게 회복해 가진 조사들이 지키고 있습니다.

따라서 그 문을 통과하려는 자는 조사들로부터 수행을 점검받게 되고, 한 치의 어긋남이 없이 확실하게 깨달았음〔廓徹大悟〕을 인가 받으면 그 문을 통과하여 조사의 성城 안으로 들어갈 수 있게 되는 것입니다.

그럼 어떻게 해야 조사의 관문을 통과할 수 있는가? 역대 조사들이 던진 화두話頭의 참뜻을 깨달아야 합니다.

불자들이 잘 알고 있는 화두로는 조주스님의 '무자無字'가 있습니다. '개에게 불성이 없다'고 한 이 무자화두는 1천7백

가지 화두 중에서 깨달은 이를 가장 많이 배출한 화두입니다.

"부처님께서는 모든 중생에게 불성이 있다고 하셨는데, 조주스님께서 '무'라고 하셨다. 무슨 까닭으로 '무'라고 하셨는가?"

이것을 분명히 알게 되면 조사관을 능히 통과할 수 있게 되는 것입니다.

역사적으로 볼 때 수많은 출가수행자와 재가불자들이 조사관을 통과하였는데, 그 중 향엄香嚴 지한智閑스님의 오도기연悟道機緣을 살펴보도록 합시다. 왜냐하면 이 스님이 도를 깨달은 다음 '조사선'이라는 단어가 비로소 생겨났기 때문입니다.

당나라 말기에 살았던 향엄스님은 총기가 특별하여, 많은 사람들로부터 '앞으로 국가의 유용한 재목이 되어라'는 기대를 받고 자랐습니다. 그러나 어느 날 문득 세상 영화의 무상을 깨닫고 출가하여 백장百丈 선사를 찾아갔습니다. 애석하게도 백장선사가 얼마 지나지 않아 열반에 들었으므로, 향엄스님은 위산潙山선사를 찾아가 가르침을 청하였습니다. 위산스님은 향엄에게 냉엄하게 말했습니다.

"너는 백장스님 밑에 있을 때, '하나를 물으면 열을 답하고 열을 물으면 백을 답했다'고 들었다. 그러나 지나친 총명과 분별의식은 도리어 생사와 윤회의 근본이 될 뿐이다. 오늘은 그런 것을 다 버리고 말해 보아라. 네가 부모의 태중胎中에 들어가기 전의 본래면목이 무엇인지를!"

'부모미생전父母未生前 본래면목本來面目'

이 질문을 듣는 순간, 향엄은 앞뒤가 꽉 막혀 도무지 답을 찾을 수 없었습니다. 아무리 생각하고 따져보아도 정답은 나오지 않았습니다. 향엄은 위산선사 앞에 엎드려 가르쳐줄 것을 애원하였습니다.

"오직 네 스스로 증득하고 스스로 깨달아야 한다."

향엄은 여러 서적을 뒤지면서 해답을 찾았습니다. 그러나 그 어느 곳에도 답은 없었습니다. 실망한 향엄은 모든 서적을 불살라버리고, 조그마한 암자를 찾아가 홀로 정진했습니다.

"과연 부모미생전의 본래면목이 무엇인고?"

"부모미생전 본래면목?"

"본래면목?"

하지만 본래면목은 그림자도 보이지 않았습니다. 이렇게 몇 달 동안 본래면목과 씨름하던 향엄은 어느 날 마당에 풀이 가득 차 있는 것을 보았습니다.

'오늘은 저 풀이나 베어야겠다.'

그런데 낫으로 풀을 베다보니 낫에 걸리는 기와 조각이 있었습니다. 그는 무심결에 기와조각을 집어 옆으로 휙 던졌고, 기와조각은 굵은 대나무에 가서 부딪혔습니다.

"딱!"

향엄스님은 그 소리를 듣고 확철대오 하였습니다. '부모미생전 본래면목'을 확연히 깨달은 것입니다. 스님은 목욕을 하고 향을 사른 다음, 멀리 위산스님을 향해 감격의 눈물을 흘리며 큰절을 올렸습니다.

"스님의 대비대은大悲大恩은 부모보다 더 크옵니다. 만일 그때 저에게 언어를 빌어 답을 주셨던들, 어찌 오늘의 법열法悅을 맛볼 수 있으오리까?"

향엄스님은 다시 위산선사께로 돌아가 깨달음을 점검받았고, 위산선사는 크게 만족하며 인가印可를 하였습니다. 그리고 옆에 있던 사형 앙산仰山스님도 찬탄하였습니다.

"오, 조사선祖師禪을 참으로 잘 체득體得하였구나!"

8

향엄스님은 위산선사라는 선우를 만나 조사관을 통과할 수 있었습니다. 우리 또한 훌륭한 선우를 만나 일심으로 공부하면 반드시 조사관을 통과할 수 있습니다. 그것도 다른 곳으로 발걸음을 옮겨서가 아니라, 앉은 자리에서 그대로 통과할 수 있습니다.

이에 대해 야운스님은 "가시덤불을 제거하면 앞길이 훤히 트인다."는 표현을 썼습니다.

실로 그렇습니다. 화두삼매話頭三昧에 들어가면 가시덤불인 모든 번뇌망상은 스스로 자취를 감추게 되고, 머지않아 그 화두의 의문을 타파하여 깨달음을 이루게 되는 것입니다. 화두만이 아닙니다. 염불·관법·주력삼매에 깊이 깊이 들어가도 조사관을 통과하는 것과 같은 깨달음을 얻을 수 있습니다.

우리 모두 부처님의 가르침을 통달하고 조사의 관문을 통과할 그날까지 좋은 벗, 참된 스승, 우리를 이끌어 주는 진정한 선우들과 함께 몸과 마음을 다스리며 부지런히 정진합시다. 그리하여 평화로움과 환희로움과 자유로움이 가득한 멋진 삶을 성취하여지이다.

5. 잠을 이겨라

1) 많은 잠은 수행의 적

다섯째, 삼경 외에는 잠을 허락하지 말라.

_{기 오} _{제 삼 경 외} _{불 허 수 면}
其五는 除三更外에 不許睡眠이어다

　야운스님은 자경십문의 다섯 번째로 잠에 대해 말씀하셨
는데, 이 잠 속에는 게으름과 흐리멍덩한 삶도 포함되어 있
습니다. 먼저 수면에 대해 잠깐 언급하겠습니다.

　재물욕·색욕·식욕·명예욕·수면욕의 다섯 가지는 인간
의 본능적인 욕구이며, 이 다섯 가지 욕구를 극복하기는 쉽
지가 않습니다. 특히 수면욕을 참기는 매우 어렵습니다. 며
칠을 먹지 않는 고통은 견딜 수 있어도 며칠 잠자지 못하는
고통은 참을 수 없다고 합니다. 그래서 '고문 중에 가장 큰 고

문은 잠을 못 자게 하는 것'이라고까지 하는 것입니다.

실로 잠을 참기란 쉽지가 않습니다. 그런데 야운스님은 '삼경 외에는 잠을 허락하지 말라〔除三更外 不許睡眠〕'고 하셨습니다.

예부터 동양 삼국에서는 하루를 12시각으로 나누었고, 12시각 중 밤을 다섯 시각으로 삼고 오경五更이라 하였습니다. 밤 7시부터 9시까지인 술시를 초경初更, 밤 9시부터 11시까지인 해시를 이경二更, 밤 11시부터 새벽 1시까지인 자시를 삼경三更, 새벽 1시부터 3시까지인 축시를 사경四更, 새벽 3시부터 5시까지인 인시를 오경五更이라 하였던 것입니다.

그런데 야운스님의 말씀을 삼경에만 잠을 자지 말라는 것으로 해석하게 되면 '밤 11시에서 새벽 1시까지 두 시간만 자라'는 것이 됩니다.

하지만 하루 두 시간만 자고 공부한다는 것이 결코 쉬운 일은 아닙니다. 특히 선정의 힘이 길러지지 않은 초학자初學者라면 두 시간만 자고 정진하기란 거의 불가능합니다. 그리고 『자경문』이 초학자를 대상으로 삼은 글이니 만큼 삼경, 곧 '여섯 시간은 이상 자지 말라'로 해석하는 것이 옳습니다.

그럼 세속 사람들에게는 하루 평균 8시간을 자기를 권하는데 출가 수행자들에게는 왜 6시간 이상 자지 말라고 하는가?

수도하는 사람은 육체노동을 하는 것도 아니요 세상 잡사에 신경을 많이 쓰는 것도 아닙니다. 아침부터 저녁까지 마음을 고르게 가지고 참선을 하므로 속인들처럼 정신적·육체적 독소毒素가 많이 쌓이지 않습니다.

오히려 6시간 이상 자면 마음이 풀어지고 게을러질 뿐입니다. 그러므로 독소를 풀어주는 최대의 명약名藥인 수면을 많이 취할 필요가 없다는 것입니다. 이제 본문 속의 야운스님 말씀을 살펴보도록 합시다.

"끝없는 세월 속에서 도에 장애가 되는 것으로는 수마睡魔보다 더한 것이 없다. 열두 시각 어느 때나 또렷하게 의심을 일으켜서 어둡지 않도록 하고, 행주좌와行住坐臥 어디에서나 항상 끊임없이 빛을 돌이켜 스스로를 살펴보라."

광겁장도　　수마막대　　이륙시중　　성성기의이불매
曠劫障道는 睡魔莫大니 二六時中에 惺惺起疑而不昧하며
사위의내　　밀밀회광이자간
四威儀內에 密密廻光而自看이어다

선방에서 수행하는 수좌들에게 있어 가장 참기 어려운 것은 졸음입니다. 처음 참선을 할 때는 집중이 잘되는 듯하다가, 어느 정도 시간이 지나면 망상이 죽 끓듯 하거나 졸음이 밀물처럼 밀려오는 것입니다. 특히 7일 동안 잠을 자지 않는 가행정진加行精進에 들어가면 잠을 이기지 못해 여러 가지 일들이 벌어집니다.

꾸벅꾸벅 졸다가 방바닥에 이마를 '꽝' 박는가 하면, 계속해서 옆으로 넘어지는 사람도 있습니다. 엉엉 우는 사람이 있는가 하면, 졸음을 쫓아주기 위해 장군죽비를 내리치는 입승스님의 멱살을 잡고 "나는 졸지도 않았는데 왜 때리는 것이냐?"고 외치면서 시비를 거는 사람도 있습니다.

정녕 망상과 졸음이 없다면 도를 깨닫는 것이 어찌 어려운 일이기만 하겠습니까? 참선 수행자는 오로지 망상과 졸음을 이겨내야만 합니다.

그런데 선방이나 외진 곳에서 오래오래 정진을 하다보면 차츰 망상이 줄어들게 되고, 망상이 줄어들고 나면 졸음이 더 자주 찾아오는 것을 느낄 수 있습니다.

번뇌가 없는 고요 속의 졸음. 이 졸음은 맛이 좋습니다. 깜박 졸은 듯한데 한 시간이 후딱 지나가 버리는 이 졸음은 그렇게 맛이 있을 수 없습니다. 그런데 이 졸음에 맛을 붙이면 암흑의 귀신굴에 빠져들어 영영 헤어날 수가 없게 됩니다. 화두를 내버리고 졸음 속에 빠져들면 넋이 빠진 무기력한 상태에까지 잠기게 됩니다.

심지어 졸음을 깊이 즐기다 보면 개구리나 뱀이 몇 달 동안 아무것도 먹지 않고 겨울잠을 자는 것처럼 무기공無記空에 빠져드는 경우가 있습니다.

얼른 생각하면 무기공이 대단한 것처럼 보일 수도 있으나 이것이야말로 수행의 장애 중에 가장 으뜸가는 것입니다. 곧 흐리멍덩한 상태에 빠져 자기 한몸조차 구제할 수 없게 되고 맙니다.

그러므로 참선을 하는 사람은 또렷또렷함을 생명으로 삼아야 합니다. 열두 시각 어느 때나 화두에 정신을 집중시켜 또렷또렷하게 의심을 일으켜야 합니다. 이것을 '성성惺惺'이라 합니다.

그리고 다니거나 머물거나 앉거나 눕거나 한결같이 화두삼매에 몰입할 수 있도록 해야 합니다. 하지만 어찌 이것이 말처럼 쉬운 것이겠습니까?

그러므로 야운스님께서는 "빛을 돌이켜 스스로를 살펴보라〔廻光而自看〕."고 하신 것입니다. 졸음 속에 빠져드는 것을 화두로 깨우고, 집으로 장場으로 사랑하는 사람들에게로 달아나는 생각을 다시 돌이켜서 화두로 붙잡으라는 것입니다.

그럼 언제 이렇게 할 것인가? 바로 이 순간에 해야 합니다. 이 자리에서 해야 합니다. 야운스님은 말씀하셨습니다.

2) 잠을 이기면 도를 이룬다

한평생을 헛되이 보낼 것 같으면 만겁이 지나도록 한이 될 것이다. 무상無常이 찰나 속에 있으니 날마다 놀랍고 두려운 일뿐이요, 사람의 목숨은 잠깐 사이인지라 한때라도 보장하기 어렵느니라. 만일 조사관祖師關을 뚫지 못하였다면 어떻게 편안히 잠만 잘 수 있겠는가?

一生을 空過하면 萬劫에 追恨이니 無常은 刹那라
乃日日而驚怖요 人命은 須臾라 實時時而不保니라
若未透祖關이면 如何安睡眠이리요

인생이 긴 것입니까? 아닙니다. 사람의 목숨은 찰나에 있습니다. 지금 바로 이 자리에서 마음자리를 닦지 않으면 다시 때를 잡기가 쉽지 않습니다.

그러므로 이생에서 조사관을 뚫어 도를 이루어야 하고, 조사관을 뚫기 위해서는 잠을 이겨야 합니다.

옛날 참선 정진하는 스님들은 잠을 이기기 위해 일부러 머리를 길러 솔잎상투를 만들었습니다. 그리고 상투에다 끈을 묶어 천장이나 대들보에 연결했습니다. 조금이라도 졸거나 자세가 흩어지게 되면 머리가 확 잡아당겨지도록 하기 위해서입니다.

또 비수나 송곳을 턱 밑에 놓고 공부하는 스님네도 있었고, 잠들 때마다 송곳으로 다리를 찌르던 스님도 있었습니다. 그리고 졸음을 쫓기 위해 계속 서서 정진하거나, 지게에 무거운 돌을 올려 짊어지고 산길을 오르내리며 정진하는 스님도 있었습니다.

출가수행자라면 이런 스님들을 본받아 한바탕 용맹심勇猛心을 일으켜야 합니다. 선방에서 한철 수행 중에 두세 차례 잠을 자지 않는 7일 용맹정진을 하는 까닭도 여기에 있습니다.

7일 동안 잠을 자지 않기로 했지만, 졸음 속에 빠지지 않는 사람은 거의 없습니다. 그렇지만 7일 동안 등을 바닥에 대고 눕지 않는 것만 해도 효과는 있습니다.

"이제 겨우 이틀, 닷새가 남았구나. 이를 악물고라도 버티어 보자."

"나흘 지났으니 반은 넘어섰다. 나란들 못할까."

"이제 하루 남았지. 죽기 아니면 살기다."

이렇게 스스로에게 용기를 주며 7일 동안의 정진을 끝내면 확실히 달라집니다. 7일 간의 용맹정진 후 한나절만 자게 하는데도 깨고 나면 더 이상 졸음이 오지 않습니다. 맑은 정신 속에서 화두가 용맹정진 전보다 더 또렷하게 들리는 것입니다.

이처럼 용맹정진을 하면 정신이 그만큼 더 단련되기 마련이며, 바뀌기 마련입니다. 그리고 이렇게 꾸준히 공부하다보면 조사관을 능히 뚫어 대도인이 될 수 있습니다.

그래서 야운스님께서는 졸음을 이기지 못하는 사람을 일깨우고 졸음과 싸우며 수도하는 사람들을 위해 한 편의 노래를 지었습니다.

독사같은　　졸음 구름　　마음 달을　　가렸으니

도 닦는 이　　여기 와서　　길을 잃고　　헤매누나

바로 그때　　취모리검　　힘껏 잡아　　일으키면

구름 절로　　사라지고　　달은 절로　　밝아지네

睡蛇雲龍心月暗하니 行人到此盡迷程이로다
수사운룡심월암　　　　행인도차진미정

箇中拈起吹毛利하면 雲自無形月自明하리라
개중염기취모리　　　운자무형월자명

　겨울잠을 자는 뱀처럼 잠에서 헤어나지 못하면 도를 이룸은 고사하고 동서남북도 분간하지 못하게 됩니다. 정신이 별처럼 또렷또렷[惺惺]하지 못하기 때문입니다.

　바로 이때 우리는 스스로가 간직하고 있는 취모리검吹毛利檢을 꺼내야 합니다. 칼끝에 털을 놓고 훅 불면 털이 끊어지는 최고의 보검인 취모리검을 사용해야 합니다.

　취모리검은 별다른 것이 아닙니다.

　사람들 누구나가 갖고 있는 대용맹심입니다. 대용맹심은 '나도 부처님이나 조사스님들처럼 도를 깨치겠다'는 크나큰 결심입니다. 그 용맹심을 잡아 일으킬 때 번뇌의 구름은 스스로 사라지고 마음 달은 스스로 밝은 빛을 뿜어내는 것입니다.

　잠을 이길 수 있는 것은 용맹심, 바로 나의 강한 결심뿐입니다. 그 결심이 '나'를 바꾸어 놓습니다. 그러므로 대용맹심을 일으켜 목숨을 걸고 정진해 보십시오. 전혀 졸지 않고 7일 동안만 용맹정진하면 틀림없이 도를 이룰 수 있습니다.

🏵

부처님의 가르침을 받은 제자가 수없이 많지만 그중 제일 거룩한 열 분을 뽑아 우리는 10대 제자라고 합니다. 그 가운데 천안제일天眼第一 아나율阿那律 존자가 계십니다.

아나율존자는 부처님의 숙부인 곡반왕斛飯王의 아들로 태어났습니다. 어려서부터 성격이 착하고 활달하였으며, 매우 총명하였을 뿐 아니라 노래·기예技藝·미술 등의 재주도 뛰어났고, 심성이 착하여 보시하기를 매우 좋아하였습니다.

그러나 아나율존자에게는 한번 잠이 들면 좀처럼 깨어나지 못하는 흠이 있었습니다. 그래서 출가를 한 다음, 늘 부처님으로부터 꾸중을 들어왔습니다. 한번은 부처님의 설법을 듣는 도중에 졸고 말았습니다.

"애달프고 애달프도다, 아나율아. 너를 깨우기 힘듦이 반합 조개와도 같구나. 한번 잠들면 천년을 깨어나지 못하는 반합이 되어서야 어찌 수행하는 사문이라 하겠느냐?"

조용하면서도 호된 부처님의 꾸지람을 듣고 아나율존자는 대용맹심을 일으켰습니다.

"생사의 고뇌를 벗어나고자 출가한 내가 깊은 잠으로 인해 남들보다 수행에서 뒤떨어질 수는 없다. 도를 이루기 전에는 절대로 자지 않으리라."

분발한 아나율은 눈이 감겨지지 않도록 양쪽 눈에 버팀대를 하고, 층암절벽 꼭대기로 가서 합장을 하고 발뒤꿈치를 든 채 정진했습니다. 버팀대를 하였기 때문에 눈은 하루도 못가 뻑뻑해졌고, 차츰 눈물이 나다가 진물이 났고 마침내는 피고름이 나오는 것이었습니다.

부처님께서 "적절히 잠을 자면서 정진하라."고 타이르셨으나 아나율존자는 계속 정진했습니다. 다시 부처님은 의성醫聖 기바를 보내 아나율존자의 눈을 치료하도록 했습니다.

"잠깐만 주무시면 눈을 낫도록 해드리겠습니다."

"방해하지 마시오."

이윽고 7일이 되자 눈이 물러빠져서 아나율존자는 장님이 되었습니다. 그런데 바로 그 순간, 아나율존자는 낙견조명금 강삼매樂見照明金剛三昧라는 법문을 깨달아 천안통天眼通을 얻었고, 삼천대천세계를 손바닥 위의 구슬을 보듯이 했다는 천안제일의 존자가 되었습니다.

ၵ

선수행만이 아닙니다. 기도 또한 마찬가지입니다. 예부터 불가에서는 "7일 동안만 졸지 않고 기도를 하면 못 성취할 기도가 없다."는 말이 전해지고 있습니다. 그래서 소원성취를 위해 잠을 자지 않고 7일 기도를 하는 이들이 더러 있습니다.

특히 염불 또는 진언을 외우면서 7일기도를 하는 경우가 많습니다.

그런데 평소 때는 그토록 잠이 없던 사람도 기도를 시작하면 잠이 퍼붓기 시작합니다. 졸지 않기 위해 서서 기도를 하고 돌아다니면서 기도를 하지만, 졸음을 이기기는 쉽지 않습니다. 어떤 때는 법당 한 쪽에 쪼그리고 앉아 자기도 하고, 길 옆에 거꾸로 처박힌 채 잠에 곯아떨어지기도 합니다.

그러나 일단 잠이 들어버리면 실패한 것이므로 다시 마음을 다잡고 7일 기도를 해야 합니다. 그렇게 계속 하다보면 반드시 잠을 이기는 날이 오게 되고, 잠을 자지 않고 7일 기도를 완수하게 되면 틀림없이 기도성취 및 큰 힘을 얻게 됩니다.

잊지 마십시오. 수행하는 이라면 잠에 져서는 안 됩니다. 잠을 이기고, 잠을 조절하여 '나'를 살려야 합니다.

그렇다고 하여 모든 사람이 다 잠을 줄이면서 살라는 것은 아닙니다. 오히려 어떤 이들은 잠을 더 잘 필요가 있습니다. 한 예로 학교를 다니는 학생이라면 억지로 잠을 참아서는 안 됩니다. 적절하게 잠을 자야 정신이 맑아지고 학습능력이 향상될 수 있습니다.

또 수행하는 이라 할지라도 졸음에 자주 빠지게 될 때는 한 차례 깊은 잠을 자는 것이 더 효과적일 수 있습니다.

그 기준은 '또렷함'입니다. '성성惺惺함'입니다. 누구든지 정신을 흐리멍덩하게 만들면서까지 잠을 줄인다면 잠을 자야하는 원래의 뜻을 어기는 것에 불과하므로, 적절한 시간만큼 푹 자는 습관을 지니는 것이 좋습니다.

부처님의 아들딸인 우리는 잠과 게으름과 흐리멍덩함에서 깨어나야 합니다. 맑은 정신으로 또렷하고 성성하게 살아야 합니다. 술에 취한 듯, 환각상태에 빠진 듯, 게으름과 잠에 빠져 몽롱하게 지내서는 안 됩니다. 실로 잠에 빠지고 흐리멍덩함에 젖어들게 되면 향상은커녕 자포자기와 게으름의 삶에서 벗어나지를 못하게 됩니다.

그러므로 잠과 게으름과 흐리멍덩함 속에 빠져 정신없이 흘러 다니며 사는 존재가 아니라, 깨어있는 삶을 살면서 스스로가 세운 행복과 해탈의 원을 이룩하는 불자가 되어야 합니다.

화두를 들고 참선을 할 때만이 아니라 잠을 잘 때는 푹 자고, 밥을 먹을 때는 맛있게 먹고, 일을 할 때는 열심히 몰두하고, 놀 때는 유희삼매경에 빠질 줄 아는 불자가 되어야 합니다.

잠과 게으름과 흐리멍덩함은 삼매의 정반대편에 있습니다. 삼매에 들려면 산란한 번뇌의 극복과 함께 꼭 게으름과 졸음을 이겨내야 합니다. 그리하여 차츰 삼매 속으로 들어가게 되면 고요하고 맑고 밝은 삶이 저절로 눈앞에 펼쳐지게 된다는 것을 꼭 기억하여, 잘 정진하시기를 당부드립니다.

6. 아상我相과 하심下心

1) 아상이 많으면 삼악도를

여섯째, 망령되이 스스로를 높이고 남을 업신여기는 일을 하지 말라.

其六은 切莫妄自尊大하고 輕慢他人이어다

야운스님은 자경십문의 여섯 번째로 교만과 하심下心에 대해 말씀하셨습니다.

세상에는 '자기가 제일'이라 하면서 남을 무시하는 사람이 많습니다. 자기만 대단한 것처럼 생각하는 것입니다. 심지어는 한 나라 전체를 통치하는 대통령이 되고자 하는 사람들까지도 이러한 생각에 빠져 출마하는 경우가 있습니다.

"다른 사람은 대통령감이 될 수 없다. 나만이 대통령감이

다. 내가 대통령이 되어야 이 나라가 바로 서게 된다."

이렇게 스스로를 높이는 '망자존대妄自尊大'에 빠진 사람을 대통령으로 뽑는다면 나라꼴이 어떻게 되겠습니까? 더 말하지 않더라도 능히 짐작할 것입니다. 미국의 대재벌인 카네기의 묘비에는 이렇게 쓰여 있습니다.

"자기보다 훌륭하고 자기보다 덕이 높고 자기보다 공부를 많이 하고 자기보다 잘난 사람. 그러한 사람들을 자기 곁에 모아둘 줄 아는 사람. 여기 잠들다."

얼마나 멋있는 말입니까? 이러한 카네기야말로 자기가 거느린 그 어떤 사람보다 더 똑똑한 사람임이 분명합니다.

특히 카네기는 처세술로 높이 평가받고 있는 사람입니다. 그 처세술의 요점은 간단합니다.

"친절하라. 겸손하라. 호감있게 보여라. 상대방의 이름을 잘 외워라."

이 처세의 비법은 보살의 십중대계十重大戒 중 제7대계 "스스로를 칭찬하면서 다른 이를 헐뜯지 말라〔自讚毁他〕."는 계법과 일맥상통하는 점이 있습니다.

흔히 사람들은, '잘못은 남에게, 잘한 것은 나의 공으로' 돌리는 경우가 많습니다. 이것은 잠깐동안의 만족이나 편안함이 될지는 몰라도, 공을 내쪽으로 돌리다보면 더 큰 불협화음을 조장하게 됩니다.

　만약 마음 편히 잘 살고자 한다면 남을 존중하고 화합할 줄 알아야 합니다. 서로 화합하면 힘과 평화가 생기고, 서로 잘 났다고 하면서 대립하면 불안과 파탄만 초래할 뿐입니다.

　많은 사람들이 모여 사는 이 사회 속에서 참으로 평화롭고 행복한 삶을 살아가고자 한다면 나를 높여서도 아니되고, 남을 업신여기지도 말아야 합니다.

　야운스님께서는 본문의 첫머리에서 이렇게 말씀하셨습니다.

　인仁을 닦고 인을 얻는 데는 겸손과 사양이 근본이 되고, 벗을 사귀는 데는 공경과 믿음이 으뜸이 된다. 아我 · 인人 · 중생衆生 · 수자壽者 사상四相의 산이 높아지면 높아질수록 삼악도의 바다[三途海]는 더욱 깊어지느니라.

修仁得仁은 謙讓이 爲本이요
親友和友는 敬信이 爲宗이니라
四相山이 漸高하면 三途海가 益深하니라

　야운스님께서는 '어질 인仁'을 강조하고 있습니다. 이 '어질 인'은 유가儒家의 근본이며, 인을 얻기 위해서는 겸양지덕謙讓之德부터 갖추어야 합니다. 겸손하고 양보할 줄 알 때 어진 덕이 완성된다는 것입니다.

그리고 벗과 친하고 벗과 화합하고자 한다면 서로 공경할 줄 알아야 합니다. '이 자식 저 자식', '이 새끼 저 새끼' 하며 지내는 욕친구는 오래가지 못합니다. 친한 사람일수록 공손한 말을 쓰는 버릇을 들여야 합니다.

친한 친구란 결국 무엇입니까? 믿을 수 있고 배울 것이 있는 친구입니다. 서로를 마음으로 존경하고 신용하는 사람입니다. 그런데 실없는 말, 실없는 짓으로 서로의 믿음을 떨어뜨려서야 되겠습니까? 언제나 서로 믿고 서로 양보하면서 지내야 좋은 인연이 오래도록 보존됩니다.

"저 친구에게 맡기면 틀림이 없지."

"저 친구가 그런 실수를 저지를 리 없는데 바빠서 그랬나 보다."

이렇게 서로 믿고 이해하고 존경해주는 경신敬信이 선우善友 관계의 근본이 되는 것입니다.

반대로, 좋은 인연을 맺는 겸양과 경신을 버리고 스스로 높이며 살아가면 당장은 즐거울지 모르지만 결과는 외로움과 고통밖에 없습니다.

그래서 야운스님께서는 "아我·인人·중생衆生·수자壽者 사상四相의 산이 높아지면 높아질수록 삼악도의 바다는 더욱 깊어진다."고 하셨습니다. 사상四相의 산이 높아지면 높아질수록 고통의 수렁에 깊이깊이 빠져들게 된다는 말씀입니다. 잠깐 아상·인상·중생상·수자상의 사상에 대해 자세히 알아봅시다.

아상我相은 '나다' 하는 생각이 가득하여 제 잘난 맛으로 사는 것을 말합니다. 사람마다 '내가 제일이야' '어느 누구보다 중요한 존재는 나다'고 생각하는 것이 아상입니다.

그럼 '나〔我〕'란 과연 어떠한 존재인가?

'나'의 몸뚱이는 물질에 불과합니다. 물질이 차츰 낡아 부서지듯이, 아무리 잘생기고 튼튼한 몸뚱이라 할지라도 별 수가 없습니다. 만리장성을 쌓은 진시왕도 한줌 흙으로 바뀌었고, 그 잘났던 통치자·재벌·유명인사들이 결국에는 모두 죽어 염라대왕을 만나러 갔습니다. 우리의 몸은 마침내 사라지기 마련입니다.

'나'의 정신도 다를 바가 없습니다. 아무리 정신력이 뛰어난 이라 할지라도 변천하는 생각을 멈추게 할 수 없습니다. 한 생각이 일어나서는 잠시 머물다가 달라지고 사라져버리는 생주이멸生住異滅의 흐름이 계속 반복되고 있습니다.

육체와 정신으로 구성된 '나'. 그 '나'는 끊임없이 변하다가 사라집니다. 무상하고 허망하기 짝이 없는 존재가 '나'입니다. 그런데 이 무상한 '나'를 대단한 것인 양 내세우고 있으면 고통만 따를 뿐, 도를 닦는 공부에 진척이 있을 수 없습니다. 그러므로 도를 닦는 사람은 아상부터 없애야 합니다.

아상을 없애는 공부! 이것이 도를 닦는 이의 첫 번째 공부

이기 때문에, 부처님께서는 출가한 모든 승려들의 아상을 없애고자 탁발托鉢을 하도록 정했습니다.

탁발은 걸식乞食입니다. 먹을 것을 얻으러 다니는 구걸행위입니다. 임금의 자리를 마다하고 출가한 부처님께서 직접 바리때를 들고 걸식을 하신 까닭이 무엇이겠습니까? 제자들로 하여금 아상을 버리도록 하기 위해 솔선수범 하신 것입니다.

밥을 얻으러 간 사람이 거만한 자세로 먹을 것을 달라고 하면 누가 주겠습니까? 아상을 부리지 않고 고분고분 감사하는 마음으로 임해야 합니다.

어떤 날은 특별한 대접을 받는 날도 있겠지만, 때로는 개가 덤비기도 하고 욕이 날아오기도 하며, 심할 때는 소금 세례를 받기도 합니다. 나를 낮추지 않고서는 결코 하기 쉽지 않은 일이 탁발입니다.

요즘은 종단에서 탁발을 금하고 있지만, 젊은 스님들은 명분을 정하여 일정 기간 탁발을 해보는 것이 좋습니다. 한 손에는 바리때를, 한 손에는 요령을 들고 탁발을 해보십시오. 정녕 한차례 해볼 만한 일입니다.

쌀을 주든 주지 않든 이르는 집마다 『반야심경』 한 편씩을 끝까지 독송하며 축원祝願을 해주어야 합니다. 꼭 쌀이나 돈이 필요해서가 아니므로, 안주면 그냥 가고 주면 받아가지고 가면 그뿐입니다. 그리고 받은 것은 명분에 맞게 쓰면 됩니다.

이렇게 탁발을 몇 번 해보면 상당히 하심이 되고 '나'를 높이는 아상이 꺾이게 됩니다.

결국 아상이 없어지면 상대적이고 대립적인 인상人相도 따로 내세울 것이 없게 됩니다. '너는 너'라는 생각이 스스로 사라지게 되는 것입니다. 이렇게 '나'와 '너'라는 분별이 사라지면 중생상도 수자상도 생겨날 수가 없습니다. 그러나 아상이 강하면 강할수록 인상도 강해지고 중생상 · 수자상도 더욱 치성을 부립니다.

중생상衆生相은 여러 가지 모습으로 나타납니다. 약한 사람을 억누르고 강한 사람에게 빌붙는 약육강식弱肉强食도 중생상이요, 자기가 하는 일에 지나친 애착심을 갖고 남을 이기기 위해 투쟁하는 것도 중생상입니다. 곧 미혹한 중생들의 소견으로 짓게 되는 모든 업이 중생상입니다.

수자상壽者相은 생사에 대한 끈끈한 모습입니다. 몇 해 안 있으면 죽을 사람인데도, 천 년 만 년 살 것처럼 수명에 집착하는 것을 말합니다.

"나는 오래 살 수 있어."

"나는 오래 살아야만 해."

이렇게 생각하며 불로장생不老長生을 계획하는 것이 모두 수자상 때문에 생겨납니다.

이익을 찾아 투쟁하고 생사에 얽매여 사는 삶. 이것이 무엇에서 비롯된 것입니까? 바로 '나' 때문에 생겨난 것입니다. 아상에서 비롯된 것입니다.

'나'를 고집하는 아상이 인因, 인상이 연緣이 되어 생존투쟁의 업業을 짓게 된 것입니다. 이 업이 중생상입니다. 그리고 그 업으로 말미암아 생사 속을 윤회하여 죽음의 공포와 목숨에 대한 애착 속에서 허덕이는 수자상이라는 과보果報를 받게 되는 것입니다.

실로 아상·인상·중생상·수자상의 사상은 인·연·업·과의 연결고리를 형성하고 있기 때문에, 아상을 내세워 사상의 산을 높이 만들면 만들수록 지옥·아귀·축생이라는 삼악도의 바다가 더욱 깊어지게 됩니다. 반대로 아상을 없앨 때 인상·중생상·수자상이 사라지게 되고, 천상세계나 극락의 문이 저절로 열리게 되는 것입니다.

2) 하심자에게 만복이

밖으로 근사한 모양을 내어 존귀한 듯이 꾸며도 안으로 얻은 바가 없으면 썩은 배와 같나니, 벼슬이 높을수록 마음을 낮게 가지고 도가 높을수록 뜻을 더욱 겸손히 가져야 하느니라. '나다·너다' 하는 상이 무너지게 되면 무위無

爲의 도가 저절로 이루어지나니, 무릇 하심下心 하는 사람
에게 온갖 복이 저절로 돌아오느니라.

外現威儀는 如尊貴나 內無所得은 似朽舟니
官益大者는 心益小하고 道益高者는 意益卑니라
人我山崩處에 無爲道自成하나니
凡有下心者는 萬福이 自歸依니라

    야운스님의 이 말씀을 거듭 음미해 보십시오. 아상을 내세
워 밖으로 근사한 체하고 존귀한 척한들 실속은 전혀 없습니
다. 마치 썩은 배를 물에 띄우면 푹 잠겨버리는 것과 같이, 삼
악도의 바다 속으로 깊이 빠져 들어갈 뿐입니다.

    그러므로 아상을 꺾기 위해서라도 하심을 해야 합니다. '
하심下心'은 문자 그대로 나의 마음을 아래쪽에 두는 것입니
다. 내 마음을 낮추어 남을 공경하고, 뜻을 겸손하게 가져 화
합하는 삶을 이루는 것이 하심입니다.

    "제가 잘못했습니다. 부족한 저를 용서해 주십시오. 마음
을 낮추어 잘 배우겠습니다."

    이러한 자세를 지니면 아상은 스르르 무너지고 하심은 저
절로 이루어집니다. 그러나 이런 말을 하기는 쉽지가 않습니
다. 보통 사람이면 고개를 숙이는 것 자체만으로도 자존심이
상하기 때문입니다.

    하지만 나를 높이는 아상을 버리고 하심下心을 할 수 있는

사람이면 진실로 남을 위해 봉사할 수 있는 마음을 낼 수 있게 되고, 참된 봉사를 하면 내 마음은 저절로 편안해지며, 내 마음이 편안해지면 나를 대하는 모든 사람의 마음이 편안해질 수가 있습니다. 이렇게 하여 일체 사람을 편안한 세계로 인도하면 대복전大福田, 곧 큰 복밭을 만들 수 있게 됩니다.

바로 이 하심 속에 해탈과 행복의 비결이 있거늘, 사상산四相山을 자꾸 길러 괴로운 세계로 빠져들어서야 되겠습니까? 하심으로 아상을 다스리면 사상산이 점점 낮아지고, 사상산이 낮아지면 지옥·아귀·축생의 바다가 바닥을 드러내어 마침내는 해탈을 이룰 수 있게 됩니다.

그러므로 무슨 일이 안될 때는 무조건 하심을 하십시오. 나를 비우고 하심을 하면서 기도하십시오. 하심하여 기도하면 풀리지 않는 일이 없습니다.

물은 높은 데서 아래로 흘러갑니다. 곡식은 익을수록 고개를 숙입니다. '나'는 잘났고 '너'는 별것 아니라는 상相이 무너질 때 진실한 도[無爲道]가 저절로 성취되며, 아상을 다스리는 하심을 잘할 때 만 가지 복이 스스로 찾아들게 됩니다.

3) 반야를 길러라

이제 야운스님께서는 자경십문의 여섯 번째 관문을 마무

리하면서 이렇게 노래하고 있습니다.

교만이란	티끌 속에	반야지혜	파묻히고
아상인상	산위에는	무명만이	자라나네
제 잘난 체	안 배우다	늙은 날을	맞이하여
병져 누워	신음할 땐	한탄만이	가득하리

憍慢塵中藏般若요 我人山上長無明이로다
輕他不學蹉跎老하면 病臥辛吟恨不窮이니라

"교만의 티끌 속에 감추어진 반야〔憍慢塵中藏般若〕."

여기서 잠깐 **반야**般若에 대해 공부해 봅시다. 반야가 무엇
인가? 반야는 모든 부처님의 어머니입니다. 모든 부처님은
반야를 성취하여 성불하신 것입니다. 이 반야를 우리는 '지
혜 지智'자로 풀이합니다.

일월日月과 같이 밝은 '智'는 '알 지知' 자와 전혀 다릅니다.
'知'는 '화살 시矢'에 '입 구口'를 더한 글자로, 화살처럼 귀로
들어왔다가는 입으로 나가버려서 내 속에 오래 머물지도 않
고 진정한 나의 것이 되지 못합니다. 곧 '知'는 제 나름대로
알아서 써먹는 분별지分別知에 불과합니다.

그러나 반야의 지혜는 무분별지無分別智입니다. 분별이 없
기 때문에 절대적이요 보편타당하며, 평등하고 원만한 지혜
입니다.

이러한 무분별지는 크게 네 가지로 나누어지는데, 이를 부처님의 **사지四智**라고 합니다. 부처님만이 온전하게 발현시킬 수 있는 네 가지 완벽한 반야지혜. 이 사지는 대원경지大圓鏡智 · 평등성지平等性智 · 묘관찰지妙觀察智 · 성소작지成所作智의 넷을 합한 것입니다.

먼저 **대원경지大圓鏡智**는 이름 그대로 크고 둥근 거울과 같은 지혜입니다. 작은 거울은 영상이 조금밖에 비치지 않지만 크나큰 거울에는 모든 영상이 비춰집니다. 모난 거울은 한쪽만을 비출 수 있지만 둥근 거울은 사방을 다 비출 수 있습니다.

보통의 거울은 사물만 비춰지고 염라대왕 앞의 업경業鏡은 지난 세상에 지은 업만이 비춰지지만, 대원경에는 마음 깊은 곳의 생각까지도 있는 그대로 다 나타납니다.

부처님께서는 바로 이와 같은 대원경지를 성취했기 때문에 일체 중생의 마음속 일을 동시에 다 보십니다. 한국사람뿐만 아니라 전 인류, 네 발 달린 짐승이나 꿈틀거리는 미물들의 마음까지도 낱낱이 비춰볼 수 있는 것입니다.

평등성지平等性智는 평등한 마음으로 비춰보는 지혜, 조그마한 차별심 없이 비춰보는 지혜입니다. 해와 달은 차별 없이 빛을 비춥니다. 누구는 예쁘니까 더 많은 빛을 주고, 누구는 미우니까 조금만 빛을 주는 법이 없습니다. 그저 한결같이 빛을 주고 또 줄 뿐입니다.

부처님의 자비광명慈悲光明 또한 이와 같습니다. '부처님한테 벌 받았다', '부처님께서 나에게만 특별히 복을 주신다'는 등의 말은 있을 수 없습니다. 만일 부처님께서 미우니까 벌을 더 주고 예쁘니까 복을 더 주는 그런 분이라면, 그것은 귀신이지 부처님이 아닙니다.

누구는 미워하고 누구는 예뻐한다면 그분이 어찌 대성인大聖人이 될 수 있겠습니까? 부처님은 일체중생에게 평등하게 자비를 베푸시는 분이며, 그와 같은 자비광명은 바로 평등성지로부터 나오는 것입니다.

묘관찰지妙觀察智는 과거·현재·미래의 아주 세밀한 것까지 남김없이 관찰하는 지혜입니다. 2천5백 년 전, 부처님은 『화엄경』에서 이렇게 말씀하셨습니다.

"내가 한 방울의 물을 관찰하니 8만4천 마리의 벌레가 있구나〔吾觀一滴水 八萬四千蟲〕."

"우리의 몸에는 팔만 개의 털구멍이 있고, 하나하나의 털구멍마다 구억 마리의 벌레가 살고 있다〔我身中有八萬毫 ——各有九億蟲〕."

이러한 말씀이 오늘날 과학적으로 다 입증이 되고 있습니다. 뿐만이 아닙니다. 부처님은 묘관찰지로 과거·현재·미래의 일을 다 꿰뚫어 보셨습니다.

『대집경』 등에는 부처님이 열반에 든 뒤 5백 년이 지났을 때, 천년이 지났을 때, 2천5백 년, 3천5백 년이 지났을 때 어떻게 될 것이라는 말씀이 아주 자세하게 기록되어 있습니다. 대처승이 생기고 교단이 어떻게 된다는 등의 불교관계만 말씀하신 것이 아닙니다. 일상의 일도 많이 말씀하셨습니다.

"이쪽 사람이 가만히 서서 손가락만 움직이면 저쪽 사람이 죽는다."
"겨드랑이에 날개를 붙여 하늘로 날아다닌다."
"이제까지는 땅만 파먹고 살았지만, 앞으로는 허공을 파먹고 사는 세상이 온다."
"나중에 한 방울의 액체만 먹고도 살 수 있고, 팔만 펴면 그냥 날아다닐 수 있는 시대가 도래한다."

이 예언들처럼 권총이나 레이저 광선총들이 발명되어 서로를 죽이고, 행글라이더를 타고 날기 시작했습니다. 원자·전자를 이용하여 공기 속에서 영양분을 추출하는 작업도 이루어지고 있습니다. 머지않아 사람이 슈퍼맨처럼 날아다니는 세상도 올 것입니다.

이처럼 부처님은 묘관찰지로써 과거·현재뿐만 아니라 미래도 남김없이 꿰뚫어보고 계시며, 시방세계의 모든 국토를 남김없이 관찰하고 계신 것입니다.

마지막 성소작지成所作智는 짓는 바를 다 완성하는 지혜, 하려고 마음먹었던 것을 다 되게 하는 지혜입니다. 곧, 내가 나를 마음대로 할 수 있는 지혜입니다.

이상의 '네 가지 지혜가 원융한 것〔四智圓門〕'이 부처님의 지혜입니다. 그러나 이 지혜가 부처님께만 있는 것은 아닙니다. 어떠한 중생에게도 이 지혜는 있습니다. 다만 감추어져 있어 부처님처럼 자유롭게 활용할 수가 없을 뿐입니다. 교만의 티끌 속에 묻혀 빛을 발현시키지 못하고 있습니다. 그래서 야운스님께서는 '교만의 티끌 속에 지혜는 묻혀만 간다'고 하신 것입니다.

그런데도 중생들은 교만의 먼지를 털어낼 생각은 하지 않고 아상과 인상에 얽매여 무명無明만을 키워갑니다. '나'와 '너'로 편을 가르고 벽을 쌓아 더욱 짙은 어둠 속으로 빠져들어 갑니다.

야운스님께서는 이러한 인생살이를 '아상 인상 산 위에는 무명만이 자라나네'라고 표현했습니다.

정녕, 아상과 인상을 내세워 무명의 업장만 키워간다면 다가오는 과보는 너무나 명확해집니다. 굳게 닫혀 있는 지옥의 문도 그 업보의 힘은 능히 열 수 있습니다. 불지옥도 칼지옥도 뱀지옥도 능히 만들어냅니다. 어찌 두려워할 일이 아니겠습니까?

세월은 우리를 기다려 주지 않고 늙음은 빨리 옵니다. 지금 마음을 되잡아 도를 닦지 않는다면, 야운스님의 말씀처럼 결과는 자명해집니다.

"제 잘난 체 안 배우다 늙은 날을 맞이하여 병져 누워 신음할 땐 한탄만이 가득하리."

지금이라도 늦지 않았습니다. 부디 아상을 버리고 공부를 시작하십시오. 하심下心을 하면 어느 곳에서나 배울 것이 있습니다. 누구에게나 배울 수 있게 됩니다. 하심을 하면 나의 '주인공'도 나에게 많은 것을 가르쳐 줍니다.

모든 불자들이여, 참선 · 기도 · 주력 · 경전공부 · 염불. 그 무엇이라도 좋습니다. 하심을 하면서 지금부터 시작하여 꾸준히 계속하십시오. 티끌이 차츰 사라져 어둠〔無明〕이 걷히기 시작하고 반야의 지혜가 점점 크게 발현됩니다.

아상 꺾기와 하심과 기도와 반야지혜. 이 모두가 우리들 자신의 행복과 해탈을 위한 일입니다. 부디 뒷날 후회됨이 없도록 하심을 하면서 정진하고 또 정진합시다.

7. 재물과 색과 정념正念

1) 애욕과 애착이 삶을 망친다

일곱째, 재물과 색色을 대하거든 반드시 정념正念으로 임하라.

其七은 見財色이어든 必須正念對之어다

야운스님께서는 "재물과 색을 대하거든 정념으로 임하라."는 것을 『자경문』의 일곱 번째 관문으로 삼았습니다.

재물과 색色. 이것은 인간의 오욕五欲 중에서 대표격인 재욕財欲과 색욕色欲을 가리킵니다.

사람들은 흔히들 묻고 답합니다.

"이 세상에서 제일 좋은 것이 무엇인가?"

"그야 물론 돈이고 색이지."

그렇습니다. 돈과 이성이야말로 인생을 참으로 즐겁게 만듭니다.

먼저 돈 이야기부터 하겠습니다. 돈을 모으고 돈을 쓰는 재미는 참으로 좋습니다. 호주머니에 돈이 두둑하면 신바람이 절로 나고 얼굴도 번쩍번쩍 윤택해집니다. 그리고 모든 거래가 돈으로 이루어지기 때문에 '돈으로 살 수 없는 것은 아무 것도 없다.'고까지 합니다.

실로 세속법은 돈이 중심이 되어 굴러가기 때문에 돈으로 해결할 수 없는 것이 거의 없습니다. 돈만 있으면 존경받는 자리에 이를 수도 있고 사람을 마음대로 부릴 수도 있습니다. 이토록 재물은 좋은 것입니다.

그러나 좋은 것이 크면 클수록 나쁜 것도 크게 다가오는 것이 세속법의 원리입니다. 돈이 많은 사람의 패가망신은 대부분 돈 때문에 발생합니다. 칼을 생명처럼 여기는 무사가 칼에 맞아 최후를 맞이하듯이, 돈을 무기로 삼아 휘두르는 사람은 돈에 의해 비참한 꼴을 당하게 됩니다. 그래서 옛날의 부자들은 아침마다 돈 금고를 향해 절을 하면서 기원했다고 합니다.

"돈님, 돈님! 나갈 때는 사람 상하지 않게 하고 나가시오. 사람 상하지 않게 살며시 나가시오."

마땅히 도道로써 해야 해결될 수 있는 것을 돈으로 해결하려 하거나, 꼭 써야 할 것에 돈을 쓰지 않으면 오히려 돈이 사람을 상하게 만든 다음 떠나게 됩니다.

또 색色인 이성異性은 돈 이상으로 사람을 즐겁고 흐뭇하게 만듭니다. 마음에 드는 이성과 교제하고 이성과 사랑을 나누는 일은 그렇게 즐거울 수가 없습니다. 원하던 이성을 얻으면 마치 천하를 모두 얻은 듯이 기뻐합니다. 진정 마음에 맞는 사람과 만나 따뜻한 정을 나누며 백년해로하게 되면 그처럼 행복한 삶도 드물 것입니다.

그러나 시집 한번 잘못 가고 장가 한번 잘못 가면 그토록 힘든 삶도 찾아보기 어렵게 됩니다. 서로 의심하고 욕하고 미워하고 근심걱정 하다가 한평생을 허비하는 백년원수가 되고 맙니다.

재물과 색. 잘 쓰고 좋은 인연으로 만나면 다시없이 좋은 것이 재색財色이지만, 잘못 쓰고 마음대로 되지 않을 때는 재색처럼 사람을 힘들게 만드는 것도 없습니다. 재색의 먹구름이 '나'를 감싸면 세상은 일순간에 암흑천지로 바뀌어 버립니다. 이 몸은 그대로 근심걱정 보따리가 되어버립니다.

사람 아니면 물질 때문에 괴로워하는 인생. 만일 돈 걱정과 이성에 대한 고민이 없다면 이 세상을 살아가기가 훨씬 수월할 것입니다.

그럼 인생의 기쁨인 돈과 이성이 무엇 때문에 사람들의 근심걱정거리로 바뀌어 버리는 것일까? 바로 '내 것'이라는 애착이 기쁨을 괴로움으로 탈바꿈시켜 버립니다.

결혼을 한 분들은 지난날을 한번 되돌아보십시오. 처음 교제를 시작할 때는 상대를 위해 존재하는 것처럼 온갖 정성을 다 쏟다가, 막상 시집가고 장가를 가면 서로를 자기 소유물처럼 여깁니다.

"내 아내는 나의 것이다."

"내 남편은 나만의 것이다."

너는 나의 것! 이렇게 서로를 '나의 것'으로 고집하기 때문에 상대가 내 마음대로 움직여주기를 바랍니다. 그리고 조금이라도 내 마음에 맞지 않게 말하거나 행동하면 화를 내면서 토라지고, 신경질·고함·눈물, 심지어는 주먹다짐까지 오고 가는 것입니다. 그러다가 정이 떨어지면 바람을 피우기도 하고, "사랑 없는 결혼 생활, 이대로는 못하겠다."고 하면서 이혼서류에 도장을 찍고 갈라서기까지 합니다.

하지만 어찌 아내가 '나의 것'이며 남편이 '나의 것'입니까? 원래 내 것이 아닌데 내 것으로 삼아 내 마음대로 하고자 하기 때문에 비극으로 끝맺음을 하게 되는 것입니다.

재물 또한 마찬가지입니다. 재물을 '내 것'이라 생각하고 제대로 쓸 줄 모르기 때문에 불행이 다가오는 것입니다.

부처님은 『법구경』에서 이렇게 말씀하셨습니다.

애욕과 애착 때문에 근심이 생기고
애욕과 애착 때문에 두려움이 생긴다

애욕과 애착을 모두 다 떠나거라

근심도 두려움도 모두 다 없어진다

유애고생우 유애고생포
有愛故生憂 有愛故生怖

약 리 어 애 자 무 우 역 무 포
若離於愛者 無憂亦無怖

애착과 애욕이 무엇입니까? '나의 것'이라는 뜻입니다.
만일 지금의 '내'가 재물과 이성 때문에 근심을 하고 있다면
자기를 다시금 돌아보십시오. 그것이 지나친 애착과 애욕에
서 비롯된 것은 아닌지….

사랑은 인연의 모임이요, 재물은 필요로 하는 주인을 찾아
흘러갑니다. 인연이 다하면 사랑은 흩어지고 재물도 다른 주
인을 찾아 떠납니다.

영원한 '나의 것'은 없습니다. 인연 따라 왔다가 인연이 다
하면 떠나가는 것에 지나친 애착을 가지면 괴로움만 커질 뿐
입니다. 오히려 돈이 나에게 찾아왔을 때 좋은 일을 많이 하
고, 사랑의 인연이 맺어졌을 때 '너의 것'이 되어 서로를 살리
고 더 좋은 인연을 맺어야 합니다.

이렇게 바른 생각〔正念〕을 가져 애착의 굴레를 벗어던지고
'나의 것'으로 삼고자 하는 생각을 놓아버리면 근심과 두려
움은 저절로 사라집니다. 근심과 걱정이 없으면 편안해지고,
마음이 편안하면 재물과 이성과 내가 모두 온전하게 살아날
수 있는 것입니다.

이제 출가 수행승을 위해 말씀하신 본문을 살펴봅시다.

2) 취할 것은 오직 공부 뿐

🔔

몸을 해치는 것으로는 여색보다 더한 것이 없고, 도를 그르치는 것으로는 재물이 으뜸이 된다. 그러므로 부처님께서는 계율로 재물과 색을 엄히 금하시면서 이르셨다.

'여자를 보거든 호랑이나 뱀을 보는 것과 같이 하고, 이 몸에 금과 옥이 따르거든 나무나 돌을 보듯이 하라.'

비록 깜깜한 방에 혼자 있을지라도 큰 손님을 맞이한 것처럼 하고, 남이 볼 때나 보지 않을 때나 한결같이 하여 안과 밖을 구별하지 말라.

害身之機는 無過女色이요 喪道之本은 莫及貨財니라
是故로 佛垂戒律하사 嚴禁財色하사대
眼覩女色이어든 如見虎蛇하고
身臨金玉이어든 等視木石이라
雖居暗室이나 如對大賓하야
隱現同時하며 內外莫異어다

부처님께서는 이성에 대한 애욕과 재물에 대한 애착이 도를 망치므로 티끌만한 애착심을 두지 말 것을 강조하셨습니다. 그렇게 하기 위해서는 무심無心해져야 하고, 무심해지기 위해서는 안과 밖을 한결같이 해야 하며, 한결같이 한다는 것은 혼자 있을 때와 손님이 있을 때, 남이 볼 때와 보지 않을 때를 가림이 없이 늘 같이 행동해야 합니다.

진정한 수행자는 자기 그림자에게도 부끄럽지 않아야 합니다. 자기 양심을 스스로 지켜서 양심에 부끄러움이 없도록 해야 합니다. 하늘을 우러러 한 점 부끄러움이 없도록 살고자 해야 합니다.

물론 이것은 매우 어려운 일입니다. 하지만 안과 밖이 다르지 않게 살고자 해야 합니다. 안으로 먹은 마음이나 밖으로 행하는 것이 한결같도록 끊임없이 노력해야 합니다.

'도인은 무표리無表裏'라 하였습니다. 겉과 속, 안과 밖이 다르지 않은 경지에 이르면 바로 도인이 됩니다.

천진난만한 도인들. 겉과 속이 다르지 않은 그들은 무엇이든 있는 그대로 보여줍니다. 어떠한 가식도 없이 무심하게 행동하기 때문에 도인들의 말 한 마디, 행동 하나 하나는 사람들의 마음 깊은 곳으로 파고 들어가 감화를 줍니다. 중생 교화가 그야말로 저절로 이루어지는 것입니다.

이와 같이 애착의 때가 묻지 않은 천진한 사람들은 불가佛家에만 있는 것은 아닙니다.

중국 송나라 때의 시인 정명도程明道는 동생 정이천程利川과 함께 친구들이 베푸는 연회장으로 갔습니다. 술을 몇 잔 들이키고 기분이 좋아진 정명도는 옆에서 시중을 드는 기생을 끌어안고 희희낙락 했습니다.

"너 참 예쁘다! 꽃보다 더 아름답구나. 요 귀여운 것!"

정명도는 기생의 뺨에 입을 맞추기도 하고 술을 먹여주기도 하면서 마음껏 즐겼습니다. 그러나 옆에 있던 동생 정이천은 형님의 태도가 영 못마땅했습니다.

'학덕 높고 점잖기로 이름난 형님께서 이런 추태를 보이다니….'

한소리 하고 싶었지만 많은 사람들이 옆에 있어 억지로 참다가 심사가 뒤틀려서 먼저 자리를 떴습니다. 이튿날 아침 일찍 정이천은 형님을 찾아가서 따졌습니다.

"형님, 어제 저녁에는 왜 그런 추태를 부렸습니까? 형님의 명성에 먹칠을 하셨습니다. 천하의 도학자 정명도 선생이 술좌석에서 천한 기생을 희롱하다니…. 어디 있을 법이나 한 일입니까?"

정명도는 묵묵히 듣고 있다가 말했습니다.

"어제 저녁 내 마음속에는 기생이 따로 없었는데, 오늘 아침 네 마음속에는 아직도 그 기생이 있느냐〔昨日我心而無妓 今日汝心尙有妓〕."

정명도 선생은 술이 맛있어서 먹었고 기생이 예쁘게 보였으므로 예뻐한 것뿐입니다. 상대가 기생이므로 희롱한 것도 아니요 음욕이 일어났던 것도 아니었습니다. 그리고 그 자리를 벗어나는 순간 모든 것을 잊었습니다. 이처럼 천진한 마음을 가진 사람들은 직용직행直用直行 합니다. 곧바로 쓰고 곧바로 행할 뿐입니다. 안과 밖이 다르지 않고 애착도 애욕도 붙지 않습니다.

도를 닦는 사람들은 앞서 이룬 선배들처럼 안과 밖을 한결같이 하여야 합니다. 겉으로 청정한 척하면서 속으로 재욕·색욕·식욕·명예욕을 탐한다면 도와는 결코 결합할 수가 없습니다.

또한 보는 사람이 없다고 함부로 해서도 안 됩니다. 내가 보고 네가 보고 하늘이 보고 땅이 보고 있습니다. 그저 한결같은 마음으로 수행하는 것이 출가수행자의 자세이므로, 애착 없는 진솔한 삶을 살도록 끊임없이 노력해야 합니다. 그렇게 할 때 성현의 가피를 입고 선신들의 보호를 받아 보다 빨리 도인의 경지에 이를 수 있게 됩니다.

"마음이 깨끗하면 선신善神이 보호하고, 색을 그리워하면 하늘이 용납하지 않느니라. 선신이 보호하면 험한 곳에

있어도 어렵지 않게 되고, 하늘이 용납하지 않으면 편한
곳에 있어도 편안하지 않게 되느니라."

심정즉선신　필호　연색즉제천　불용
心淨則善神이 必護하고 戀色則諸天이 不容하나니

신필호즉수난처이무난　　천불용즉내안방이불안
神必護則雖難處而無難이요 天不容則乃安方而不安이니라

『자경문』의 이 구절은 결코 헛된 말이 아닙니다.

❀

중국 선종의 거두인 당나라 마조馬祖스님의 제자 중에 염
관제안鹽官齊安 선사가 계셨는데, 신라 말의 선문구산 중 사
굴산문을 세운 범일국사梵日國師가 바로 염관선사의 법맥을
이은 분입니다.

어느 날 저녁공양을 마친 염관선사가 무심히 방밖을 내다보
는데, 선방 수좌首座 두 명이 법당 축대 옆을 왔다갔다하고 있
는 모습이 눈에 들어왔습니다. 그런데 갑자기 향기가 진동을
하더니, 제천선신諸天善神들이 오색찬란한 구름을 타고 와서
두 수좌에게 합장하고 절을 하는 것이었습니다.

'무슨 이야기들을 나누었길래 제천선신들이 저렇게 하는
것일까?'

이렇게 생각하며 묵묵히 지켜보고 있는데, 조금 지나자 제
천선신들이 하나둘 모두 떠나고 시커먼 돼지귀신들이 추한
냄새를 풍기면서 몰려왔습니다. 돼지들은 쿵쿵거리고 바닥

에다 침을 툭툭 뱉으면서 얼룩진 발자국을 남기며 두 수좌를 쫓아다녔습니다.

'참으로 이상한 일이로구나.'

이튿날 스님은 두 수좌를 불러 어제 일을 물었습니다.

"처음에 저희들은 『법화경』 이야기를 하였습니다. 우리가 진흙 속에서도 항상 깨끗한〔處染常淨〕 연꽃과 같이 청정수행을 하게 되었으니 얼마나 다행한 일인가를 말하고, 불법의 환희심에 대해서도 이야기를 나누었습니다."

"그럼 나중에는?"

"그러다가 참선 공부가 밑도 끝도 없는지 아무리 해 봐도 별다른 진전이 없다고 하면서, 이런저런 푸념들을 늘어놓았습니다. '마을의 한 아가씨가 나를 좋아하는데 장가가서 알콩달콩 살면 좋지 않을까' 등의 이야기들을 하였습니다."

염관선사는 대중들을 모은 다음 그 이야기를 들려주고 한 편의 게송을 읊었습니다.

어두운 방에 보는 사람 없다고 말하지 마라
신의 눈은 번갯불 같아 털끝도 놓치지 않노라
정성을 다해 지극한 자세로 호위를 하다가
발연히 노하고 꾸짖으며 발자취를 씻느니라
막 도 암 실 무 인 견　신 목 여 전 호 불 루
莫道暗室無人見 神目如電毫不漏
진 의 처 성 극 호 위　발 연 노 매 소 각 적
盡意處誠極護衛 勃然怒罵掃脚跡

이 이야기는 수행하는 자가 마음이 깨끗하면 천신들이 찬양하고, 도 닦는 이의 마음이 흐트러지면 선신이 떠나버린다는 것을 그대로 나타내 보인 것입니다.

우리는 이 이야기를 깊이 새겨 늘 마음을 가다듬으면서 해탈대도를 향해 나아가야 합니다. 바로 그때 우리의 주위에 선신들이 모여듭니다. 그리고 그 선신들이 우리를 지켜줄 뿐 아니라 편안함과 행복감을 안겨줍니다.

이제 자경십문의 일곱 번째 문을 마무리하는 노래를 함께 음미해 봅시다.

재물 쌓고	색 밝히면	염라대왕	감옥 열고
청정 행자	아미타불	연화대로	모셔가네
족쇄 차고	들어가면	지옥 고통	끝없지만
용선 위의	연화대엔	즐거움만	가득하네

이 욕 염 왕 인 옥 쇄　　　　정 행 타 불 접 연 대
利慾閻王引獄鎖요　　淨行陀佛接蓮臺니라
쇄 구 입 옥 고 천 종　　　선 상 생 련 락 만 반
鎖拘入獄苦千種이요　船上生蓮樂萬般이니라

내 나이 18세 때인 1946년 정월 27일에 은사이신 윤고경尹古鏡 스님께서 입적하자, 절 살림을 큰사형인 동화스님이 맡

아서 살았습니다.

그때 외삼촌인 영천스님이 오셔서 선수행禪修行에 관한 이
야기를 들려주셨는데, 마침 동화스님이 열 개도 더 되는 열
쇠 꾸러미를 허리춤에 차고 '철거덕'거리며 지나갔습니다.
그러자 영천스님이 물었습니다.

"일타야, 저 쇳대 꾸러미를 보고 뭘 생각했노?"

순간, '재물 쌓고 색 밝히면 염라대왕이 감옥을 열고 청정
행자는 아미타불께서 연화대로 모셔간다.'는 구절이 떠올랐
습니다.

'아, 저것이 지옥문을 여는 열쇠다. 저 열쇠가 염라대왕의
감옥 문을 여는 것이다. 나는 결코 살림살이하는 중이 되지
않으리라.'

그때 살림살이를 하지 않기를 결심한 이래 나는 절 살림을
사는 직책에 전혀 관심을 갖지 않았습니다.

❧

실로 출가수행자의 할 일이 무엇입니까? 공부밖에 없습
니다. 취할 것은 오직 공부뿐입니다. 승려가 재물을 모으고
관리하는 것은 염라대왕의 감옥과 인연을 맺는 것 이상의 성
과는 기대하기 어렵습니다.

승려는 본분대로 수행하면 그뿐이요, 세속인도 이기적인
욕망을 조금씩 줄이면서 살면 극락의 문이 활짝 열립니다.
청정하게 수행하고 떳떳하게 살아가면 아미타불께서 친히

영접하여 극락의 연화대로 인도합니다. 아미타불과 함께 반야용선般若龍船을 타고, 너무나 편안하게 극락으로 나아갈 수 있습니다.

우리 모두 헛된 욕심을 내려놓고 본분에 맞게 바른 도를 닦고 또 닦으며 살아갑시다. 본분을 다하면서 부지런히 정진하면 우리도 해탈의 극락세계로 나아가는 반야용선을 능히 탈 수 있습니다. 부디 반야용선을 탈 그날까지 정진의 고삐를 늦추지 맙시다.

8. 수행인의 참된 삶

1) 중 노릇 사람 노릇

여덟째, 세속 사람을 사귀어 미움을 받지 말라.

其八은 莫交世俗이어든 令他憎嫉이어다
기 팔　　막교세속　　　영 타 증 질

　자경십문의 여덟 번째, "세속 사람을 사귀어 미움을 받지
말라."는 가르침은 오로지 출가승려를 위한 가르침입니다.
　출가한 승려와 속인俗人은 삶 자체가 다릅니다. 승僧과 속
俗은 글자부터가 다릅니다.
　'俗'은 사람〔人〕이 골짜기〔谷〕에 살고 있음을 취한 글자입
니다. 골짜기에 꼭 끼어서 살기 때문에 내 것 귀한 줄만 알았
지 세상 넓은 줄은 모릅니다. 우리 아버지 어머니, 내 자식,
우리 가정, 우리 나라 등 '우리'만 생각할 뿐, 다른 것은 생각

할 줄 모릅니다. 다른 사람, 남의 집, 남의 나라를 돌아볼 줄 모르는 것이 속俗의 속성입니다.

그러나 '僧'은 다릅니다. 세상의 도리를 일찍〔曾〕 깨우친 사람〔人〕이 출가한 승려입니다. 진리의 입장에서 보면 '나' 또는 '우리'의 울타리를 치고 사는 것만큼 어리석은 일이 없습니다. 그 울타리는 고통을 자초하는 근본이 될 뿐입니다. 이 도리를 일찍 깨달아 애욕과 애착의 울타리를 벗어버리고자 출가한 존재가 승려입니다.

그럼 출가한 승려는 어떻게 살아야 하는가? 진리를 위해 살아야 합니다. 그런데 진리를 위해 살겠다는 신념으로 모든 것을 버리고 출가한 승려가 진리를 체득하기도 전에 세속으로 나가서 일을 도모한다면, 그처럼 큰 이율배반도 없을 것입니다. 더욱이 총무원장이나 본사 주지직 등, 권력을 휘두르는 자리를 놓고 '내어 놓아라', '못내어 놓겠다'며 시시비비를 하거나, 국회의원 등의 세속적인 감투를 쓰는 것은 승려된 이의 할 짓이 아닙니다.

"중의 벼슬은 닭의 벼슬만도 못하다."는 말이 있습니다. "모난 돌이 정 맞는다."고 오래지 않아 비참한 꼴을 당하고 맙니다.

수도승이 본분을 버리고 높은 자리에 올라가면 무엇합니까? 대중들과 함께 도를 닦고 있으면 저절로 빛이 나기 마련인데, 자기를 빛내어 보겠다고 우쭐거리면서 권력 있고 이권

이 있는 자리에 올라가면 시기·질투의 바람을 맞지 않을 수가 없습니다. 그래서 야운비구는 말씀하셨습니다.

마음 가운데 애착이 없어야 사문沙門이라 하고, 세속을 그리워하지 않아야 출가出家라 하느니라. 이미 애착을 끊고 인간 세상에 대한 미련을 툭 털어버렸거늘, 어찌 세속 사람들과 어울려서 놀까보냐. 세속을 그리워하고 못잊어 하면 도철이라 하나니, 도철에게는 본래부터 도심道心이 없기 때문이니라.

離心中愛曰沙門이요 不戀世俗曰出家니라
既能割愛揮人世어니 復何白衣로 結黨遊리요
愛戀世俗은 爲饕餮이니 饕餮은 由來로 非道心이니라

승려는 승려노릇만 해야지 사람 노릇을 해서는 안 됩니다. 승려가 사람 노릇을 하려고 나서면 승려노릇은 흐지부지해지고 맙니다.

사랑하는 부모형제에 대한 애착을 다 비워버리고 두 소매를 툭 털어버리듯이 세상을 버렸거늘, 속인들이 추구하는 사람 노릇을 하고자 해서야 되겠습니까? 사람 노릇을 하고자 하는 승려는 승려노릇을 포기할 수밖에 없습니다.

요즈음 우리 교단에는 사람 노릇 하고자 하는 승려가 너무나 많습니다. 자기 속의 명리심名利心을 억누르지 못해 자꾸 일을 꾸미는가 하면, 애욕을 삭이지 못해 몰래 남녀 관계를 맺고 지내는 승려도 있습니다. 먹고 싶은 것 다 먹고, 하고 싶은 것 다 하고, 갖고 싶은 것 다 가지면서 살아가는 것이 승려 노릇입니까?

물론 불교 집안이 이렇게 된 데에는 까닭이 있습니다. 진짜 발심發心을 하여 출가를 한 것이 아니라, 발심 없이 머리만 깎고 출가하였기 때문입니다. 진정한 출가가 아니라 도피적인 출가를 하였기 때문입니다.

먹고 살기 힘드니, "빌어먹을 인생. 중이나 되어 버릴까?"

연애하다 실연失戀을 당하여 세상 살 맛이 나지 않으면, "중이나 되어 버릴까?"

시험에 떨어진 다음 재수하기는 싫고 취직도 잘 안되니까, "에라, 중이나 되어 버리자."

해인사만 하여도 이런 사연으로 중이 되겠다고 찾아오는 사람들이 하루 서너 명씩 됩니다. '중이나 되어보자.' 적어도 '중이나'를 붙여가지고 출가를 하게 되면 승려노릇을 제대로 할 수가 없습니다. 도를 구하고자 하는 간절한 마음 없이 승려가 되었으니, 어느 정도 시간이 지나고 나면 다시 사람 노릇을 하고 싶어지기 때문입니다.

이와 같이 애초부터 도에 관심이 없었던 승려를 불가에서는 '도철饕餮'이라고 합니다.

도철은 염소의 몸뚱이에 사람의 얼굴, 호랑이 이빨에 사람의 손톱을 가지고 있으며, 눈은 겨드랑이에 붙었고 음성은 어린아이의 소리와 같다고 합니다. 어찌나 욕심이 많던지 아무리 배가 부를지라도 음식이 바닥날 때까지 끝없이 먹는다고 합니다. 그리고 많은 음식을 기어코 다 먹으려 하다가 마침내 배가 터져 죽는다고 합니다.

도철은 애당초 먹을 욕심만 있었지 도심은 눈곱만큼도 없는 존재이므로, 승려 노릇에는 관심 없고 사람노릇에만 관심이 많은 승려를 도철이라 한 것입니다.

지금 도철의 마음을 갖고 먹물 옷을 걸치고 있는 사람이라면 더 큰 악업을 쌓기 전에 사람 노릇하는 세속으로 돌아가는 것이 옳습니다. 시주의 은혜를 입고 부처님을 팔아서 짓는 업의 과보가 너무도 무섭기 때문입니다.

그리고 처음에는 발심이 제대로 되었는데, 차츰 마음이 풀어져서 사람 노릇에 관심을 기울이고 있는 승려라면, 불보살님 앞에 나아가 발심 참회하고 새로 시작하면 됩니다.

"생사대사生死大事를 완전히 해결하여 해탈대도를 이루겠나이다. 그리고 일체중생으로 하여금 생사에서 해탈할 수 있도록 하겠나이다."

생사를 해탈하고야 말겠다는 무상발심無上發心만 제대로 되면 승려노릇 또한 제대로 할 수 있습니다. 거듭거듭 발원하고 발심하면 틀림없이 참된 승려노릇을 할 수 있습니다.

옛날 공부 잘한 스님들도 다를 바가 없었습니다. 스스로 발원문發願文을 만들어 발심을 나날이 새롭게 다지고자 노력하였습니다.

특히 송나라 자운 준식(慈雲 遵式, 964~1023)스님의 발원문은 간절하고도 지극할 뿐 아니라 참되이 중노릇 하는 비결이 담겨 있습니다.

원하옵건대

깊이 숨어	편안하게	도를 닦게	하옵소서
인연들과	장애들을	남김없이	떠나야만
바른 법을	닦는 데에	어려움이	없어지고
모든 국토	그 어디든	풍요롭고	즐겁다네
어느 때나	수풀 속과	깊은 산에	머무르며
고요함과	청정함을	나 스스로	즐기면서
누더기 옷	한 벌에다	한 그릇의	채식으로
분수따라	만족하며	편안하게	살아가리
신도들이	주는 물건	그지없이	두렵기에
아주 강한	적군 맞아	방어하듯	할 것이요
부모님을	비롯하여	형제권속	떠나기를
큰 원수를	멀리멀리	떠나듯이	할 것이며
어디서나	선정 닦고	지혜 길러	보호하되
가장 좋은	보물들을	보호하듯	할 것이요

어느 때나	나쁜 버릇	모두 갖다	버리기를
나쁜 병균	떼어내어	버리듯이	하오리다
내 법복과	바리때와	항상 짚는	육환장은
모든 마군	항복받는	갑옷이고	병장기요
내가 앉는	좌복 하나	향과 정병	차관 하나
이것이면	도를 돕는	기구로써	충분할 뿐
이것 외에	더 이상은	필요한 것	없습니다
세속적인	습관 찾아	허덕이는	사람들을
가까이에	두지 않길	진심으로	바라오며
명예롭고	이익됨을	추구하며	사는 사람
그들과는	내 영원히	함께 걷지	않으리다
비난해도	칭찬해도	허공 속의	메아리요
내 귓가를	스쳐가는	바람같이	생각하여
뜻에 맞건	맞지 않건	편안하게	인욕하며
도업에만	이 마음을	온전하게	모으리다

願我此身(원아차신) 安隱修道(안은수도)

正法無難(정법무난) 國土豊樂(국토풍요) 常居林野(상거임야) 樂獨寂靜(요독적정)

衲衣菜食(납의채식) 隨分知足(수분지족) 常畏信施(상외신시) 如禦强敵(여어강적)

常離眷屬(상리권속) 如遠大怨(여원대원) 常保禪慧(상보선혜) 如護珍寶(여호진보)

常棄諸惡(상기제악) 如去弊疾(여거폐질) 法衣錫杖(법의석장) 禦魔甲兵(어마갑병)

繩床香灌(승상향관) 資道調具(자도조구) 於此之外(어차지외) 更無所貪(갱무소탐)

習俗生常(습속생상) 願莫相近(원막상근) 嗜欲名利(기욕명리) 永非我徒(영비아도)

이 발원문처럼 도를 닦는다면 어찌 문제가 생겨날 수 있겠습니까?

거듭거듭 처음 출가했을 때의 마음으로 돌아가 자기를 단속하고 또 단속합시다. 공연히 세속 사람을 사귀어 사랑과 미움 속에 휩쓸리지 맙시다.

명리를 추구하고 탐욕을 부리다가 끝을 좋게 본 승려는 없습니다. 쓸데없이 세속 사람과 사귀다 보면 재물과 색이 따라붙게 되고, 재색이 따라붙게 되면 참된 중노릇은 10만 8천 리 밖으로 달아나게 됩니다.

부디 세속을 돌아보지 맙시다. 통도사 극락암에 계셨던 경봉鏡峰스님은 선방 수좌들에게 자주 말씀하셨습니다.

"바보가 되거라. 사람 노릇 하자면 일이 많다. 바보가 되는 데서 참 사람이 나온다."

분명, 새기고 또 새겨야 할 금쪽같은 말씀입니다.

2) 인정을 끊어라

인정이 농후하면 도심이 성글어지나니, 인정을 냉각시켜 끝내 돌아보지 말라. 만약 출가한 본래의 마음을 저버리지 않고자 한다면 마땅히 명산을 찾아 묘한 이치를 탐구하되, 가사 한 벌과 바리때 하나에 의지하여 모든 인정을 끊어 버리면 주리고 배부른 데까지 무심하여져서 도가 스스로 높아지느니라.

人情이 濃厚하면 道心疎니 冷却人情永不顧니라 若欲不負出家志인댄 須向名山窮妙旨호대 一衣一鉢 絶人情하면 飢飽에 無心라야 道自高니라

나는 『자경문』 전체 중에서 이 구절을 가장 좋아합니다. 정말 도심을 발하게 하는 좋은 구절입니다. 수행자가 야운스님의 이 말씀대로만 하면 저절로 도가 높아질 수밖에 없습니다.

실로 출가 수행자는 오로지 승려노릇만 해야 합니다. 그러기 위해서는 인정人情을 끊어야 합니다. 끓어오르는 정을 식히고 또 식혀야 합니다. 세속을 돌아보지 말고 깊은 산속으로 마음을 주어야 합니다. 밥보다는 법에 뜻을 두어야 합니다.

중국 당나라 때의 동산 양개(洞山 良介, 807~869) 스님도 일찍이 이렇게 공부를 했습니다.

❀

동산스님의 어머니는 사랑하는 아들이 출가하자 매일같이 눈물로 세월을 보냈습니다. 그리고 아들이 돌아오기를 학수고대하였고, 자주 편지를 보내어 그리움을 전하였습니다. 그러나 아들은 도만 닦을 뿐 답을 하지 않았습니다.

그러던 어느 날, 아들에 대한 그리움 때문에 어머님이 병으로 누웠다는 소식이 날아들었고, 비로소 동산스님은 필을 들었습니다.

"어머님의 뜻을 따를 수 없는 이 불효자식을 용서하옵소서. 그러나 어머님. 설혹 함께 살면서 아끼고 사랑한다 할지라도, 때가 오면 모여 살던 우리도 반드시 이별해야 합니다. 제가 출가한 것은 바로 이 때문입니다. 세상의 무상함이 잠깐 사이에 있음을 깨달았기에, 저는 지금 해탈대도를 구하고자 하는 것입니다.

어머님. 자식 하나 죽은 것처럼 생각하시고, 애당초 없는 것처럼 생각하십시오. 많고 많은 사람들이 공문(空門, 佛門) 속에서 도를 얻었는데, 나만 홀로 깨닫지 못하고 있습니다. 부디 자식 돌아올 날을 기다리지 마시고, 저를 죽은 자식인양, 애당초에 없는 자식인양 생각하소서…."

아들의 편지를 받은 어머니는 깊은 결심을 담은 답신을 보냈습니다.

"사랑하는 아들아! 네가 마음을 그렇게 결정하였다면 할 수 없는 일이다. 어찌 어미된 사람으로 해탈대도를 이루겠다는 너의 뜻을 따르지 않을 수 있겠느냐.

그리고 기왕 출가한 것. 반드시 확철대오하여 이 어미도 제도해다오. 내가 죽어 지옥에 갈지라도 반드시 나를 제도해주어야 한다. 만일 그렇게 하지 못하면 너는 부모에게도 죄를 짓고 부처님께도 죄를 짓는 두 집안의 불효자가 될 것이다. 부디 부지런히 공부하여 도인이 되기 바란다."

༄

세속을 돌아보지 않는 금강불괴金剛不壞의 도심과 어머니의 깊은 사랑이 뒷받침되어 동산스님은 마침내 도를 깨달았고, 뒷날 조동종曹洞宗을 세워 선풍을 크게 떨쳤습니다.

또, 황벽黃檗스님은 찾아온 어머니를 구제하기 위해 모든 인정을 끊고 내쫓기까지 하였습니다.

백장白丈선사 밑에서 도를 깨달은 황벽스님이 만리산萬里山에서 후학들을 가르치고 있을 때, 스님의 어머니가 찾아왔습니다. 황벽스님이 출가한 후 어머니는 아들을 그리워하며 울고 또 울었습니다. 너무나 많이 울어 거의 장님이 되다시피 하였지만, 죽기 전에 아들의 얼굴이라도 한번 보겠다며 수만 리 길을 걸어서 온 것입니다.

"우리 아들, 어디에 있느냐? 아들아, 내가 왔다. 이 에미가 왔다."

황벽스님은 어머니의 음성을 알아듣고 막 맞이하러 나가려다가 관觀을 해보니, 수명을 다한 어머니가 그날 밤 돌아가시게 되어 있었습니다.

'내가 어머니를 맞이하면 어머니가 인정에 사무쳐서 좋은 세상에 태어날 복을 감하고 말겠구나. 하는 수 없는 일이다.'

이렇게 생각한 스님은 제자들을 시켜 어머니를 보내도록 하였습니다.

"저 할머니는 내 어머니가 아니다. 모르는 사람이니 쫓아 버려라."

제자들로부터 아들이 그 절에 살지 않는다는 말을 듣고 매우 실망한 어머니는 다시 아들을 찾아 다른 절로 발걸음을 옮겼습니다. 배를 타기 위해 대의도大義渡라는 나루터에 이른 어머니는 어두운 눈으로 더듬거리다가 미끄러져서 물에 빠져 죽고 말았습니다.

어머니가 물에 빠진 그 순간, 모든 것을 선정 속에서 관하고 있던 황벽스님은 수백 명의 제자를 거느리고 대의도로 내려가 죽은 어머니를 건졌습니다. 그리고 바로 그 자리에서 장사를 지내주자, 어머니의 시신으로부터 흰 빛이 하늘로 뻗쳐가는 것이었습니다. 그날 밤 대중스님의 꿈에 어머니가 나타나 절을 하면서 말했습니다.

"참으로 감사하옵니다. 내가 절에 찾아왔을 때 큰스님이 인정스럽게 아는 체하였으면 대중들 앞에서 아들을 붙잡고 울고불고하여 마음속의 애욕이 더욱 얽혔을 것입니다. 만약 그랬다면 제가 어떻게 이고득락離苦得樂 할 수 있었겠습니까? 내가 이렇게 이고득락한 것은 오로지 큰스님의 도력 덕분입니다. 대중스님들도 은애恩愛의 정에 얽매이지 말고 부지런히 공부하여 큰 도력을 이루소서."

후세 사람들은 이 일을 두고 다음과 같은 시를 지었습니다.

흰머리의 희망은 만리산 앞에서 끊어졌고
광겁의 은애는 파도 밑바닥까지 말라버렸네
가슴 가운데 오역五逆을 감춰놓지 않는다면
출가의 바른 뜻으로 부모 은혜 갚기 어렵네
백 두 망 단 만 리 산　광 겁 은 파 진 저 건
白頭望斷萬里山 曠劫恩波盡底乾
불 시 흉 중 장 오 역　출 가 단 적 친 보 단
不是胸中藏五逆 出家端的親報難

이렇게 옛날 도인스님 중에는 부모를 일부러 괄시한 분도 있고, 모시고 살면서 지극정성으로 봉양한 스님도 계십니다. 그러나 한결같은 공통점은 부모를 해탈의 세계로 인도하기 위해 노력하였을 뿐, 은애 · 애욕 · 인정 등에 얽매이지 않았다는 것입니다.

우리 승려들도 옛날 스님네의 본을 받아서 사람 노릇 하기를 그만두어야 합니다. 인정과 은애에 결박되지 않는 참된 승려가 되어야 합니다. 그렇게 하여야 세속의 사랑하는 분들을 제도할 수 있게 됩니다.

또한 재가의 불자들도 출가한 승려들이 인정과 은애와 애욕 속에 휘말림 없이 도를 닦을 수 있도록 잘 보필을 해주어야 하며, 승려가 승려답지 않게 살 때는 따끔하게 경책하고 승려 대접을 하지 않는 냉정함을 지녀야 합니다.

이제 인정을 끊고 승려노릇 바르게 할 것을 당부하는 야운스님의 노래를 음미하면서, 다시 한 번 참된 수행인의 길이 무엇인지를 되새겨 보시기 바랍니다.

나와 남을   위하는 것   비록 좋은   일이지만
이 모두가   생사 속을   윤회하는   씨가 되네
바라노니   솔바람과   칡덩쿨과   달 아래서

영원토록   샘이 없는   조사선을   관하여라

^{위 타 위 기 수 미 선}
爲他爲己雖微善이나   ^{개 시 윤 회 생 사 인}皆是輪廻生死因이니라

^{원 입 송 풍 라 월 하}
願入松風蘿月下하야   ^{장 관 무 루 조 사 선}長觀無漏祖師禪이어다

9. 칭찬도 허물도 마음에 두지 말라

1) 허물을 들추지 말라

아홉째, 남의 허물을 말하지 말라.

_{기 구} _{물 설 타 인 과 실}
其九는 勿說他人過失하라

이제 자경문 강의도 끝을 향하고 있어, 자경십문 중 아홉 번째에 이르렀습니다.

'남의 허물을 말하지 말라.'

이는 너무나 당연한 가르침이요, 범하여서는 좋지 않다는 것을 누구나 잘 알고 있습니다.

그런데 사람들은 어떠합니까? 남의 허물을 이야깃거리로 삼아 말하기를 즐거워합니다. 칭찬보다는 허물 들추기를 더 많이 합니다. 걱정하는 듯 관심을 보이는 듯 남의 허물을 말하지만, 그 뒤에는 '나'의 허물없음을 자랑하거나 자기의 허물에 대한 자위가 섞여 있습니다.

이 세상에서 허물없는 사람이 누구입니까? 부처님처럼 완벽한 분이 아니면 어떠한 허물이라도 있기 마련입니다. 그러므로 크나큰 죄악이 아니라, 누구나 짓고 짓기 마련인 허물이라면 덮어버려야 합니다. 그냥 덮어버리면 그만인 것입니다.

그런데도 작은 허물을 말하기 시작하고 감정을 섞어서 큰일이나 난 것처럼 들먹거리기 시작하면 굉장한 일로 비춰지게 됩니다. 석가모니 부처님의 모국인 카필라국과 이웃 나라 코올리국도 사소한 말싸움 때문에 전투 일보직전의 상태에 이르기까지 하였습니다.

🏵

부처님이 성불하신지 몇 년이 지났을 때의 일입니다. 부처님의 고향인 카필라국의 동쪽에는 로히니강이 흐르고 있었고, 강 건너에는 코올리국이 있었습니다.

문제의 발단은 양쪽 나라를 끼고 있는 로히니강의 둑에서 시작되었습니다. 가뭄이 계속된 어느 해 여름, 곡식이 타들어가기 시작하자 양국의 농민들은 강둑에 서서 '어떻게 하면 많은 물을 끌어들일 수 있을까'를 궁리하고 있었습니다. 그때 코올리국의 한 청년이 소리쳤습니다.

"어어이, 이 강물을 양쪽 나라가 함께 사용하면 두 나라 곡식이 모두 말라죽을 것이다. 물은 우리쪽에서만 쓸테니 모두 이리로 보내라."

"웃기는 소리 하고 있네. 너희들만 물을 쓰면 우리는 어떻게 하란 말이냐? 가을이 되어 금은보화를 짊어지고 너희 나라로 가서 곡식을 나눠달라며 사정이라도 하란 말이냐? 어림없다. 강물은 이쪽으로 모두 끌어들여야 해!"

이렇게 서로 물줄기를 자기 나라쪽으로 끌어들여야 한다며 다투었고, 차츰 감정이 격해지자 욕설이 오가기 시작했습니다.

"개새끼들처럼 자기네 누이나 동생들과 동침하는 카필라 놈들아! 한번 붙어볼테냐?"

"대추나무에 둥지를 틀고 사는 코올리 족속들아! 얼마든지 오너라. 단번에 작살을 내버릴테니!"

마침내 양국의 농민들은 상대에 대해 도저히 용납할 수 없는 허물을 만들어 소문을 퍼뜨렸고, 이 사실이 온 나라로 전해지자 석가족도 코올리족도 모두 흥분 속에 휩싸였습니다.

"누이와 동침하는 사나이의 주먹맛을 보여주자."

"대추나무 사나이의 솜씨를 보여주자."

마침내 두 나라는 전쟁 직전의 험악한 상태에 이르렀습니다.

이때 부처님께서는 카필라의 교외에 있는 대림大林에 머

물러 계시다가 이 위기를 관觀하셨습니다. 그리고 홀로 공중을 날아 로히니강의 상공에서 좌선坐禪을 하는 모습을 나타내었습니다. 두 나라의 왕은 부처님의 불가사의한 모습을 보자 무기를 버리고 예배하였습니다.

"왕이여, 이것은 무엇을 위한 싸움입니까?"

"저는 모릅니다."

"그럼 누가 알고 있습니까?"

"아마 장군이 알고 있을 것입니다."

그러나 장군도 정확한 원인을 알지 못했습니다. 대신도 알지 못했습니다. 이렇게 차례로 물어가다가, 마지막으로 농민들에게 물어보니 물 때문이라는 것이었습니다. 모든 사람이 전쟁의 원인을 알게 되자 부처님께서 물었습니다.

"왕이여, 물과 사람 중 무엇이 더 소중합니까?"

"물보다는 사람이 훨씬 중요합니다."

"그런데 왜 물 때문에 훨씬 소중한 목숨을 버리려 하십니까? 그것도 전투를 하는 이유조차 분명히 모르는 싸움을!"

양국의 왕은 이 말씀에 정신을 차렸습니다.

"만약 부처님께서 오시지 않았더라면 우리는 서로를 죽여 피의 강을 이루었을 것입니다. 부처님! 감사합니다."

❡

이처럼 사소하게 시작된 말 한마디가 능히 피바다 직전의 상태까지 몰고 갈 수 있습니다.

실로 구업口業은 무서운 것입니다. 그러므로 남의 허물을 말하기 전에 자기의 허물부터 볼 줄 알아야 합니다. 특히 항상 자기를 돌아보며 살아가는 수행자가 본분을 잊고 남의 허물을 들추어내어 중상모략 한다면 어찌 합당한 일이라 하겠습니까?

속인이든 출가승려든, 도를 닦는 이가 남을 헐뜯는 것은 도심을 근원적으로 등지는 행위가 될 뿐입니다. 그리고 바로 이것 때문에 야운스님은 '남의 허물을 말하지 않는 것'이 너무나 당연한 일임에도 불구하고, 이 조항을 자경십문의 하나로 삽입한 것입니다.

좋은 소리 싫은 소리, 그 어느 것을 들을 지라도 마음의 동요가 없어야 하느니라. 덕이 없으면서 남의 칭찬을 듣는다면 참으로 부끄러워해야 할 일이요, 허물이 있어 비난을 듣는다면 참으로 기뻐해야 할 일이다. 기뻐하면 잘못된 점을 찾아 반드시 고칠 수 있게 되고, 부끄러워하면 도를 더욱 부지런히 닦고자 할 것이다.

수 문 선 악　　심 무 동 념　　무 덕 이 피 찬　　실 오 참 괴
雖聞善惡이나　心無動念이니　無德而被讚은　實吾慚愧요

유 구 이 몽 훼　성 아 흔 연
有咎而蒙毁는　誠我欣然이니라

흔 연 즉 지 과 필 개　　참 괴 즉 진 도 무 태
欣然則知過必改요　慚愧則進道無怠니라

이제 야운스님께서는 다른 사람으로부터 칭찬을 듣고 비방을 들을 때, 그 칭찬과 비방에 얽매일 것이 아니라 도심을 기르는 기회로 삼아야 한다는 가르침을 내리십니다.

좋은 말에나 나쁜 말에나 무심無心할 수 있고 배워야 한다는 이 말씀. 참으로 뼈 있는 가르침이 아니고 무엇이겠습니까?

그러나 이렇게 하기가 쉬운 일은 아닙니다. 잘못했더라도 욕을 얻어먹으면, '이 자식이 욕을 해? 잘 만났다. 오늘 한번 맛 좀 봐라.'하면서 악을 쓰며 달려듭니다. 또 아부성 칭찬인 줄 알면서도 자기를 치켜세워주면 은근히 좋아합니다.

곰곰이 한번 생각을 해 보십시오. 잘못을 긍정할 줄 모르고 칭찬을 좋아하는 밑바닥에는 어떤 심리가 깔려 있습니까?

'내가 잘났다'는 생각이 깔려 있습니다. 과연 잘난 것이 좋은 것입니까? 세상을 살아가고 도를 닦음에 있어 잘난 것이 얼마나 유용하게 작용합니까?

넓은 들판에 전나무와 가시나무가 서있었습니다. 가시나무를 늘 얕잡아보고 있던 전나무가 어느 날 가시나무에게 말을 걸었습니다.

"못생긴 가시나무야, 너는 정말 쓸모가 없는 것 같구나."

전나무의 말에 시무룩해진 가시나무가 전나무에게 되물었

습니다.

"전나무야, 그럼 너는 어떤 쓸모가 있니?"

"나만큼 좋은 재목이 어디 있겠어? 마땅히 좋은 집을 지을 때는 내가 필요하지."

전나무는 어깨에 힘을 주며 뽐내자 가시나무가 피식 웃으며 점잖게 말했습니다.

"그래? 그러나 나무꾼이 도끼를 들고 이 들판에 오면 그땐 내가 부러워질걸?"

전나무는 아무 말도 하지 못했습니다.

🌸

중국의 대사상가 장자莊子에게 한 선비가 찾아가 대화를 나누었는데, 장자의 사상이 크고 높기는 하지만 별 쓸모가 없게 느껴졌습니다.

"선생님의 말씀이 훌륭하기는 하지만 저 앞에 있는 나무처럼 쓸모가 없는 듯합니다. 저 나무가 크기는 하지만 온통 구부러지고 울퉁불퉁하여 목수들이 쳐다보지 않거든요."

"거꾸로 생각해 보게. 그 나무가 구부러지고 울퉁불퉁하기 때문에 오히려 목수들에게 잘리지 않고 오래도록 살아 큰 나무가 된 것이 아닌가?"

"그래도 쓸모가 없는 것은 마찬가지 아닙니까?"

"왜 쓸모가 없나. 햇볕이 쨍쨍한 날, 저 나무의 그늘에서 많은 사람들이 시원하게 쉴 수 있는데."

선비는 아무 말 못하고 물러갔습니다.

❡

이 나무의 이야기처럼, 바른 삶, 바른 성취, 바른 깨달음을 이루고자 하는 사람이면 잘나기를 바라서는 안 됩니다. 스스로 못생긴 나무가 되고자 할 때 큰 나무로 자랄 수 있고, 세상의 부질없는 유혹을 면하여 원하는 바를 이룰 수 있고 크게 성취할 수 있습니다.

그리고 '내가 잘나지 않았다'고 생각한다면, 칭찬과 비난을 받을 때 감정의 동요가 생겨날 까닭이 없습니다. '잘난 것이 없다'고 생각하는 사람은 잘한 것도 없이 남의 칭찬을 들을 때 능히 부끄러워할 줄 알고, 허물이 있어서 욕을 들을 때 야단치는 것을 싫어하지 않고 흔쾌히 받아들일 줄 압니다.

"제가 잘못했습니다. 죄송합니다."

이 한마디가 모든 문제를 없애줍니다. 참된 삶과 도를 마음에 품고 사는 이는 잘난 사람이 되지 말아야 합니다. 못난 사람이 되고 못난 바보가 되어 살아야 합니다. 못난 바보 ! 못난 바보가 될 때 도가 더욱 자라나기 때문입니다.

2) 되돌려 받은 욕

남의 허물을 말하지 말라. 마침내 돌아와 내 몸을 해치게 되느니라. 또한 남을 해롭게 하는 말을 듣거든 부모를 비방하는 말과 같이 들어라. 오늘 다른 사람의 허물을 말하면 다른 날 도리어 나의 허물을 논하게 되느니라. 더군다나 무릇 있는 바 상은 모두 허망한 것이니, 헐뜯고 욕하거나 칭찬하고 치켜세워준들 근심할 것이 무엇이며 기뻐할 것이 무엇이랴.

물 설 타 인 과　　　　종 귀 필 손 신
勿說他人過하라 **終歸必損身**이니라
약 문 해 인 언　　　　여 훼 부 모 성
若聞害人言이어든 **如毀父母聲**하라
금 조　　수 설 타 인 과　　이 일　　회 두 논 아 구
今朝에 **雖說他人過**나 **異日**에 **回頭論我咎**니
수 연　　　범 소 유 상　　개 시 허 망
雖然이나 **凡所有相**이 **皆是虛妄**이니
기 훼 찬 예　　　하 우 하 희
譏毀讚譽에 **何憂何喜**리요

남의 허물을 말하지 않는 것. 이것은 쉬운 일 같으면서도 결코 쉽지 않은 일입니다. 그러나 이것은 습관의 문제입니다. 젊어서부터 욕을 하지 않는 습관을 들이면 금방 길들여집니다.

하지만 남의 욕을 자꾸 하는 버릇을 들이면 점잖은 자리에서도 자기도 모르는 사이에 욕이 튀어나옵니다. 사람을 툭툭

치는 것이 버릇이 되면 사람들과 이야기하면서도 몸을 툭툭 건드리게 됩니다. 발로 차는 버릇을 들이면 길가다가 무엇이든 걸리면 툭 차버립니다. 손짓·발짓·말짓으로 만들어낸 습관들. 참으로 이들 습관은 내 몸에 빨리 붙어버립니다.

이 모든 습관들 중에서 특히 조심해야 할 것은 '말짓'입니다. 나하고 관계없다고 하여 남의 허물을 함부로 노출시키거나 욕을 하게 되면 그 말의 빚을 결국은 내가 받게 됩니다.

물론 나를 욕하는 소리가 좋게 들릴 리는 없습니다. 그러나 싫은 소리에 마음을 줄 필요는 없습니다. 마음을 주게 되면 나만 어지러워질 뿐입니다.

어느 날 부처님께서는 잔뜩 화가 나서 찾아온 젊은이를 만나게 되었습니다. 그 젊은이는 다른 종교를 믿는 사람으로, 자기를 아끼는 친척이 부처님의 제자가 되었다는 사실을 몹시 불쾌하게 여기고 있었습니다.

젊은이는 부처님께 마구 욕을 퍼부었습니다. 하지만 부처님께서는 조금도 흔들림 없는 표정으로 묵묵히 앉아 계셨고, 한참 동안 씩씩거리며 욕을 하던 젊은이는 제풀에 지쳐 잠잠해졌습니다. 그때서야 부처님께서는 비로소 입을 열었습니다.

"그대의 집에 손님이 찾아오는 일이 있는가?"

"물론 있소."

잔뜩 골이 난 젊은이는 퉁명스레 대답했습니다.

"그렇다면 그 손님에게 음식을 대접하겠지?"

"그렇소."

"그대가 손님에게 음식을 주었는데 손님이 먹지 않는다면 그 음식은 누구의 것이 되는가?"

"그야 물론 내 것이지요."

"그대는 조금 전에 많은 욕을 나에게 주었다. 그러나 나는 아무것도 받지 않았다. 그대가 한 욕은 누구의 것이냐?"

문득 깨달음을 얻은 젊은이는 부처님께 절하였고, 얼마 후 가족들 모두를 데려와 부처님의 제자가 되었습니다.

❧

결국 내가 욕을 받아들이지 않으면 그 욕은 언제나 하는 사람의 것이 됩니다. 그러므로 욕설을 들을지라도 담담하게 극복해야 합니다.

나아가 남을 욕하는 말을 들을 때 나의 부모를 욕하는 말처럼 받아들여야 합니다. 나의 부모를 욕하는데 어떻게 맞장구를 치거나 가만히 듣고만 있겠습니까? 오히려 그 사람에게 욕을 하지 못하도록 꾸짖어 주어야 합니다.

"아, 그런 말씀 하지 마시오. 내 앞도 잘 닦지 못하는데 남의 욕을 자꾸 할 필요가 뭐 있소."

이렇게 남의 허물을 듣지 않고 남의 허물을 덮어버리는 것은 큰 자비가 됩니다.

중국 춘추전국시대, 초나라의 장왕은 매우 너그럽고 군자다운 왕이었습니다. 어느 날 장왕은 궁궐에서 큰 잔치를 열어 신하들과 즐거운 시간을 보내고 있었습니다. 그때 갑자기 불이 꺼졌고 방안은 암흑 속에 휩싸였습니다.

그러자 신하 중에 누군가가 장왕의 왕비에게 다가가 살짝 입을 맞추었고, 깜짝 놀란 왕비는 엉겁결에 신하의 갓끈을 잡아떼었습니다.

"마마, 방금 어느 신하가 저에게 무례한 짓을 하였나이다. 제가 그 신하의 갓끈을 잡아떼었으니, 불이 켜지면 그를 찾아 처벌하여 주옵소서."

왕비의 말을 듣고 곰곰이 생각하던 장왕은 호령했습니다.

"잠깐 불을 켜지 말라. 만일 불이 켜진 다음 갓끈이 온전한 사람이 있으면 큰 벌을 내릴 것이니, 모든 신하들은 즉시 갓끈을 떼어버리도록 하라."

그 자리에 있던 신하들은 모두 갓끈을 떼기 시작하였고, 얼마 후 불이 켜졌을 때 왕비에게 무례를 범한 신하는 무사할 수 있었습니다.

그로부터 2년 뒤, 진나라와 전쟁을 시작한 초나라는 계속되는 패배로 함락 직전의 지경에 이르렀습니다. 그때 한 장

수가 많은 군사들을 이끌고 와서 진나라 군사들을 향해 거센 반격을 시작하더니, 마침내 적군을 모두 물리쳤습니다.

크게 감격한 초나라 장왕은 그 장수를 맞이하여 물었습니다.

"이런 위험 속에서 목숨을 걸고 싸워 나를 구해주다니! 장군, 정말 고맙소."

"아니옵니다, 전하. 이 모두가 전하의 인품이 높으신 때문이옵니다. 전하께서는 2년 전 잔칫날 밤의 일을 지금도 기억하고 계시나이까? 그 잔칫날 밤에 무례를 범한 사람은 바로 소신이옵니다. 그때 전하의 너그러운 인품에 감동한 저는 전하를 위해 목숨을 바칠 것을 맹세하였나이다. 그래서 산속에 숨어 군사를 길러오다가, 전하께서 위험에 빠졌다는 소식을 듣고 이렇게 달려온 것입니다."

장왕은 장수의 손을 잡고 감사의 눈물을 흘렸습니다.

§

이 한 편의 고사에서처럼 진심으로 남의 허물을 덮어주기 위해 노력해야 합니다. 이제부터라도 남의 허물을 덮어주는 습관을 들입시다. 남의 말을 좋게 하는 버릇을 들입시다. 바른 말 고운 말을 쓰는 습관을 기릅시다.

부드러운 말 한마디는 미묘한 향이요, 함부로 내두르는 혀는 나의 몸을 찍는 도끼가 됩니다. 내가 남의 허물을 들추는데 남이라고 나의 허물을 들추지 못하겠습니까? 모든 허물은 덮고 또 덮어버려야 합니다.

그리고 남이 잘못하는 것을 보게 되면 자비심으로 참회시키고 스스로 고칠 수 있도록 인도해 주어야 합니다.

진정 도의 세계에는 욕도 칭찬도 없습니다. 그러므로 도를 닦는 수행자는 칭찬도 비방도 모두 비워버려야 합니다.

'무릇 있는 바 상相은 모두 허망한 것이어늘〔凡所有相 皆是 虛妄〕' 헐뜯고 욕한다고 근심할 것이 무엇이며, 칭찬하고 치켜세워준들 기뻐할 것이 무엇입니까?

오히려 칭찬과 비방에 동요되지 않고 마음을 비울 수 있다면 능히 공문空門을 통과할 수 있고, 공문을 통과하면 모든 중생을 보살피는 대자비의 마음이 저절로 일어나게 됩니다.

곧 마음을 비워버린 사람의 말은 언제나 향기가 가득하여 모든 사람에게 기쁨과 즐거움을 안겨주고, 그 사람의 얼굴을 보는 이는 저절로 마음이 푸근해지는 것입니다. 해인사에 계셨던 지월指月(1911~1973)스님도 그와 같은 분이었습니다.

천진도인 지월스님은 남을 꾸짖거나 탓하는 일이 없었습니다. 어떤 일이 닥쳐도 기쁘고 즐겁고 편안하였으며, 좋고 좋은 일뿐이었습니다.

행자들이 꼬들꼬들한 고두밥을 드리면,

"아, 구슬구슬한 것이 좋습니다."

죽밥을 드리면,

"노인들은 밥이 물성해야 먹기 좋아요."

짠 음식을 드리면,

"짭짤하게 하는 것을 보니 앞으로 살림을 잘 하겠습니다."

싱거운 음식을 드리면,

"심심한 음식이 몸에 좋지요."

뜨거우면 따뜻해서 좋고 차가우면 시원해서 좋고…. 지월스님께는 모두가 좋은 것뿐이었습니다.

한번은 1년 가까이 벽 속에 넣어두었던 주장자를 꺼내었는데, 좀벌레가 주장자를 잔뜩 갉아먹어 영 못쓰게 되었습니다. 보통 사람들 같으면 '이 좀놈들이 주장자를 망쳐 버렸네.'라고 할 터인데, 지월스님은 진심으로 말했습니다.

"좀보살이 맛있게 잡수셨네."

이러한 인격을 갖춘 지월스님이었기에, 스님이 산책길에 나서면 새들이 스님의 몸에 앉아 쉬어갔고, 스님의 누비옷을 부리로 쪼아 집을 짓는 재료로 이용하기까지 하였던 것입니다.

ॐ

이러한 경지에 이를 때까지 칭찬에도 비방에도 동요됨이 없이 열심히 닦아갑시다. 남의 허물을 들추지 않고 제 허물을 돌아보며 나아가면 공문空門을 어렵지 않게 통과할 수 있습니다.

부디 좌우를 돌아보지 말고, 부드러운 말을 하고 살리는 말을 하면서 한결같이 나아가십시오. 우리도 틀림없이 참사람이 될 수 있고 천진도인이 될 수 있습니다. 확실히 이를 믿고 정진하십시오.

이제 칭찬도 비방도 무심하게 흘려보낼 수 있는 부드러운 사람이 되기를 발원하면서, 야운스님의 매듭짓는 노래를 음미하여 보시기 바랍니다.

하루종일 사람들의 장단점을 말하다가
밤이 되면 흐리멍텅 잠만 실컷 즐기누나
이와 같은 출가인이 신도 시주 받는다면
필경에는 삼계에서 벗어나기 어려우리

終朝亂說人長短라가 竟夜昏沈樂睡眠이로다
如此出家徒受施라 必於三界出頭難하리라

10. 평등한 마음과 해탈

1) 불법은 곧 평등

열째, 대중 가운데 머물러서 마음을 언제나 평등하게 가져라.

其十은 居衆中하야 心常平等이어다

　'야운스님은 스스로를 경책하는 자경십문의 마지막 열 번째 가르침으로, '대중 가운데 머물면서 마음을 언제나 평등하게 가질 것'을 당부하셨습니다.

　평등심平等心. 이것은 불법의 핵심입니다. 완전한 평등심을 이루면 불법을 증득할 수 있습니다. 따라서 수행자는 대중들과 함께 있을 때뿐만이 아니라, 언제 어디에서든지 평등심을 유지하며 살아야 합니다.

앞에서 우리는 불법의 세계로 들어가는 문이 공문空門이라는 것과, 공문을 통과해야만 해탈대도를 이룰 수 있다는 것을 여러 차례 살펴보았습니다.

텅 빈 공문. 그 문은 텅 비어 있기 때문에 평등하지 않을 수 없습니다. 텅 비어 있는데 귀하고 천한 것이 어디 있겠으며, 잘나고 못난 것, 옳고 그른 것, 생과 사가 어디 있겠습니까?

텅 빈 그곳에는 마음도 중생도 부처도 따로 없습니다. 우리가 만약 부처와 중생과 마음을 서로 다른 것으로 보고 있다면 아직 공한 상태에 이르지 못하였음을 입증하는 것이기도 합니다.

마음과 부처와 중생, 이 셋은 차별이 있을 수 없다
心佛及衆生 是三無差別 심불급중생 시삼무차별

『화엄경』의 이 말씀처럼, 차별이 없는 평등한 자리에 이르면, 이 자리가 바로 불법의 구경究竟입니다.

수행자가 마음을 비우고 공문을 통과하여 일체의 상相을 넘어서서 완전한 평등을 이루면 해탈의 마지막 관문인 불이문不二門을 통과할 수 있게 됩니다. 나와 너가 둘이 아니요, 생과 사가 둘이 아니요, 남자와 여자가 둘이 아니요, 중생과 부처가 둘이 아닌 경지를 이루어 부처가 되는 것입니다.

조금 달리 이야기해 봅시다.

부처님의 깨달음을 우리는 '아뇩다라삼먁삼보리'라고 합니다. 한문으로 번역하면 무상정등정각無上正等正覺입니다. '그 이상 평등할 수 없는 바른 깨달음'이라는 뜻입니다. 태양이 모든 곳을 두루 비추듯이, 공기가 온 세상에 고루 퍼져 있듯이 부처님의 깨달음은 치우침이 없습니다. 여기에서는 차별을 찾아볼 수 없습니다. 완전한 평등만이 존재합니다.

이렇듯 완전한 평등을 이루어야만 부처가 될 수 있기 때문에, 부처님께서는 어떤 가르침보다 평등을 중요시하셨습니다. 불교 교단 또한 평등법으로 유지하셨습니다. 평등주의, 완전무결한 평등사상으로 교단을 이끄셨던 것입니다. 많은 불자들이 알고 있는 우바리優婆離 존자의 이야기는 불교의 평등사상을 대변하고 있습니다.

우바리존자는 부처님의 수많은 제자 가운데 계를 제일 잘 지킨 분입니다. 이분의 출신은 인도의 네 계급 중 가장 천한 수드라(śūdra, 노예) 출신으로, 장성하여 석가족의 궁중에서 머리를 깎아주는 이발사로 일했습니다.

부처님께서 성도하신 뒤 고향에 돌아와 법을 설하시자 석가족의 왕자들은 발심하여 출가할 뜻을 품었고 그들의 이발사 우바리도 출가하고자 하였습니다.

그러나 그는 수드라 출신의 천민인지라 감히 엄두조차 내지 못하고 슬픔에 잠겨 있었는데, 뜻밖에도 부처님께서는 우바리의 출가를 기꺼이 허락하셨습니다. 그때 우바리는 굳건히 맹세했습니다.

"나는 이 세상의 가장 밑바닥 인생인 노예로서 온갖 천대와 괄시를 받으며 살아왔다. 이제 왕자님들과 어깨를 나란히 하고 출가하여 평등하게 부처님의 법을 배우게 되었다. 목숨을 바쳐 계율을 지키고 부처님의 가르침을 잘 따르리라."

그렇게 우바리가 출가한지 7일째 되던 날, 부모의 허락을 얻은 일곱 왕자는 정식으로 부처님의 제자가 되었습니다. 부처님께서는 언제나 하시던 것처럼 출가한 순서대로 선배 제자들을 앉게 한 다음 새로 출가한 일곱 왕자의 절을 받게 하였습니다.

일곱 왕자들은 장로들로부터 앉은 차례대로 예배를 해나가다가, 맨 끝에 앉은 우바리 앞에 이르러서는 절을 하지 않고 있었습니다. 이 광경을 보신 부처님께서는 그들을 타이르셨습니다.

"불법에 있어서 무엇보다 중요한 것은 계행을 청정하게 지키면서 정진하고, 덕을 닦아 교만한 마음을 항복받는 일이다. 따라서 아무리 나이가 많고 세속에서의 신분이 높다 하여도 선배가 될 수는 없다. 오직 출가한 순서대로 서열이 정해질 뿐이다. 우바리가 비록 출가 전에는 수드라였다고 하지만, 뒤에 출가한 사람보다는 서열이 앞서느니라. 이제부터는 우바리를 너희의 형으로 삼아서 존경하고 대접하도록 하라."

일곱 왕자들은 선뜻 우바리에게 절을 하지 못하였지만, 부처님께서 '백 갈래 천 갈래의 물줄기가 하나같이 바다로 흘러 들어가듯이 네 가지 신분의 사람들도 출가하면 하나의 성인 석씨가 된다.'시며 거듭 타이르시자 출가 전의 왕자와 이발사의 관계를 깨끗이 씻고 순수한 마음으로 우바리에게 공손히 절을 했습니다.

이로써 불교교단 내에서 절대평등 사상은 굳게 확립되었고, 모든 중생이 똑같은 불성종자佛性種子임을 만천하에 공표하게 된 것입니다. 또 이런 일이 있은 뒤부터 인도사회에서도 사성四姓 계급제도가 옳지 않다는 것을 각성하기 시작했습니다.

⚭

우리는 부처님의 제자입니다. 부처님의 이러한 평등사상을 마음 깊이 새겨서 평등한 마음을 회복해 가져야 합니다. 이 평등한 마음을 회복해 가질 때 걸림 없는 해탈의 삶이 우리들 앞에 전개됩니다.

적어도 우리 불자들은 평등 속에 해탈의 법이 깃들어 있다는 것을 분명히 알아야 합니다.

2) 생사를 넘어서는 자비평등심

특히 출가수행자는 무상정등정각, 곧 위없는 평등심을 얻어 깨달음을 이루고자 하는 존재들입니다. 하고 싶은 것, 되고 싶은 것, 갖고 싶은 것을 모두 버리고 출가한 까닭이 무엇입니까? 오직 평등한 세계로 들어가 해탈대도를 이루기 위해서입니다.

그런데 마음의 평등을 잃어버리고 재가인들에게 갑질을 하거나, 속인들과 다를 바 없이 차별하고 분별하며 살아간다면, 어떻게 깨달음의 세계로 나갈 수 있겠습니까? 야운스님께서는 힘주어 말씀하셨습니다.

사랑을 끊고 부모를 떠나도록 한 까닭은 불법의 세계가 평등한 때문이다. 만약 가깝고 멀리하는 것이 있다면 마음이 평등하지 못한 것이니, 그렇다면 출가하였다고 하여 무슨 덕이 있으리. 만약 마음 가운데 미움도 사랑도 없고 취하고 버릴 것도 없다면, 어찌 이 몸에 괴로움과 즐거움, 성하고 쇠함이 있으리.

평등성平等性 중에는 이것과 저것이 없고 대원경大圓鏡 위에는 가깝고 먼 것이 끊어졌느니라.

할애사친   법계평등   약유친소   심불평등
割愛辭親은 **法界平等**이니 **若有親疎**면 **心不平等**이라

^{수 부 출 가} ^{하 덕 지 유} ^{심 중} ^{약 무 증 애 지 취 사}
雖復出家나 何德之有리요 心中에 若無憎愛之取捨하면
^{신 상} ^{나 유 고 락 지 성 쇠} ^{평 등 성 중} ^{무 피 차}
身上에 那有苦樂之盛衰리요 平等性中에 無彼此하고
^{대 원 경 상} ^{절 친 소}
大圓鏡上에 絶親疎니라

그렇습니다. 평등한 불법에 계합하기 위해 모든 것을 버리고 출가한 승려가 마음을 평등하게 갖지 못한다면 먹물옷을 입고 있다 한들 무슨 이득이 있겠습니까?

사랑하는 것은 취하고 미워하는 것은 버리는 출가인. 이러한 분별에 결박되어 있는 출가인이라면 고락과 흥망성쇠를 초월할 수 없습니다. 영원히 윤회하는 존재로 남아 있을 수밖에 없습니다.

세속에 살고 있는 불자 또한 마찬가지입니다. 세속살이가 힘들고 인간관계가 편하지 않은 까닭이 무엇입니까? 바로 애착 때문입니다. 내 애착으로 사랑하기 때문에 마음대로 되지 않으면 편치 않고, 마음에 들지 않고 밉기 때문에 거슬리고 싫어지고 기분이 나빠지는 것입니다.

출가승려와 재가불자를 가릴 일이 아닙니다. 괴로움을 벗고 깨달음의 세계로 나아가고자 하면, 사랑도 미움도 취함도 버림도 과감히 떨쳐버리십시오. 과감히 떨쳐버려야 해탈을 할 수 있고 행복해질 수 있습니다.

그러나 이것이 쉽지만은 않습니다. 잘 안 됩니다. 그럼 어떻게 해야 하는가? 안 되면 불보살님 전에 기도하십시오. 가피를 입을 때까지 지극정성으로 기도하십시오. 모든 것을 부처님께 맡기고 기도하다 보면 문득 공空의 도리를 체득하면서 평등한 마음을 얻을 수 있게 됩니다.

부디 잊지 마십시오. 부처님의 평등성지平等性智, 원만한 대원경지大圓鏡智를 증득하기 위해서는 자기중심적인 취사 분별과 차별의식을 남김없이 버려야 합니다.

만약 수행하는 사람이 사랑과 미움을 잔뜩 품고 사람들을 차별한다면 그 누구보다 빨리 삼악도로 빨려 들어가게 됩니다.

삼악도의 고해에서 출몰함은 사랑에 얽혀 있기 때문이요, 육도六道를 오르내림은 가깝고 먼 것을 따져 지은 업에 묶여 있기 때문이니라.

삼도출몰　증애소전　육도승강　친소업박
三途出沒은 憎愛所纏이요 六道昇降은 親疎業縛이니라

야운스님의 이 말씀대로, 지옥·아귀·축생의 삼악도에 태어났다 죽었다 하는 것은 오로지 평등심을 잃어버려서 미워하고 사랑하기 때문입니다. 미움과 사랑에 얽혀 옳지 않은 업을 짓기 때문에 지옥에도 가고 아귀도 되고 축생으로 태어나기도 하는 것입니다.

꼭 명심하십시오. 지옥·아귀·축생·인간·아수라·천인의 세계를 오르락내리락하는 까닭은 친하고 먼 것을 구별하여 마음속으로 여러 가지 충層을 만들어내었기 때문입니다. 곧 마음이 평등하지 못하기 때문에 갖가지 세계가 전개되는 것이고, 타락을 하는 것입니다.

오늘날 스님들 중에는 시주하는 돈봉투의 두께에 따라 신도의 무게를 가늠하는 이들이 간혹 있습니다. 돈봉투를 두둑하게 내어 놓으면 아주 잘해주고, 돈도 권력도 없는 사람에게는 푸대접을 합니다. 돈 많이 내었다고 염불을 많이 해주고, 돈을 적게 내었다고 염불을 적게 해주기도 합니다.

이렇게 평등하지 못한 마음으로 승려노릇을 하면 해탈은 그만두고 삼악도하고만 깊은 인연을 맺을 뿐입니다. 불공이 들어오거든 돈의 많고 적음에 상관없이 자비롭고 평등한 마음으로 기도해 주십시오. 언제나 마음을 평등하게 가지고자 노력하면 성현聖賢의 가피를 입을 수 있을 뿐 아니라, 무상정등정각과도 바로 통할 수 있습니다.

마음이 평등한 데에 계합하면 취하고 버릴 것이 본래 없나니, 만약 취하고 버릴 것이 없다면 생사가 어디에 있겠는가.

契心平等하면 本無取捨니
若無取捨면 生死何有리요

어찌 야운스님이 우리를 속이는 말씀을 하셨겠습니까? 중국 선종의 삼조三祖 승찬僧璨스님께서는 『신심명信心銘』을 통하여 평등한 마음을 크게 강조하셨는데, 그 중 몇 구절을 소개하겠습니다.

지극한 도는 어렵지 않네 　　至道無難
　　　　　　　　　　　　　　　지 도 무 난
버릴 것은 오직 간택심뿐 　　唯嫌揀擇
　　　　　　　　　　　　　　　유 협 간 택
밉다 곱다는 마음 없으면 　　但莫憎愛
　　　　　　　　　　　　　　　단 막 증 애
툭 트이어 명백하리라 　　　洞然明白
　　　　　　　　　　　　　　　동 연 명 백

허공처럼 원융하여 　　　　圓同太虛
　　　　　　　　　　　　　　　원 동 태 허
남고 모자람이 없건마는 　　無欠無餘
　　　　　　　　　　　　　　　무 흠 무 여
도리어 취사심 때문에 　　　良由取捨
　　　　　　　　　　　　　　　양 유 취 사
한결같지 못하도다 　　　　所以不如
　　　　　　　　　　　　　　　소 이 불 여

마음이 평등에 계합하면 　　契心平等
　　　　　　　　　　　　　　　계 심 평 등
주·객이 함께 끊어지고 　　所作俱息
　　　　　　　　　　　　　　　소 작 구 식
의심이 다해 없어져서 　　　狐疑淨盡
　　　　　　　　　　　　　　　호 의 정 진
바른 믿음 곧게 나타나느니라 　正信調直
　　　　　　　　　　　　　　　정 신 조 직

지극한 도를 이루고자 하는 이가 내버려야 할 것은 바로 간택심입니다. 밉다·곱다, 좋다·싫다, 맞다·그릇되다, 취한다·버린다 등의 상대적인 마음만 버리면 그대로 지극한 도에 이르고 원융무애한 경지에 이르게 되는데, 평등하지 못한 마음 때문에 한결같지 못한 힘든 삶을 살게 된다는 것입니다.

그럼 어떻게 해야 하는가? 간단합니다. 평등한 마음 갖기 연습을 많이많이 하며 살아야 합니다. 평등심을 자꾸자꾸 기르며 살아야 합니다. 평등심을 연습하고 기르다 보면 나와 너, 주체와 객체라는 상대적인 생각들이 저절로 끊어지고, 갈등과 의심들이 사라져서 확고한 마음으로 정말 멋있게 살 수 있게 됩니다.

또 중국불교 11종宗의 조사로 추앙을 받고 있고, 선종 최대의 전적인 연수(延壽, 904~975)스님은 출가 전에 이미 평등심을 이루어 생사를 돌아보지 않는 자비심으로 많은 사람을 구제하였습니다.

🌸

연수스님은 어릴 때부터 불교를 깊이 신봉하였고, 특히 선禪에 조예가 깊었다고 합니다. 일찍이 벼슬길에 올라 지방의 태수太守로 있던 어느 해, 전무후무한 흉년이 들어 백성들은 기아飢餓에 허덕이고 있었습니다. 태수는 아사餓死 직전의 위기에 있는 불쌍한 백성들을 구출할 방법을 찾았으나, 국법을 어기지 않고서는 그들을 구할 수 있는 길이 없었습니다.

그 유일한 길은 군량미로 사용하고자 비축해 놓은 곡식을 방출하는 것이었습니다. 그러나 군량미를 방출하기 위해서

는 왕의 윤허를 얻어야 하고, 수만 리 밖의 장안으로 찾아가
윤허를 얻는 사이에 백성들은 수없이 죽어갈 판이었습니다.
태수는 스스로의 뜻을 분명히 하고, 창고의 문을 열어 곡식을
백성들에게 고루 분배함으로써 그들의 목숨을 살렸습니다.

그러나 법이란 한 점의 사私도 없는 법. 빗발치는 상소에 오
월국吳越國의 문목왕文穆王은 국법을 어긴 태수를 처형하라
는 명을 내렸습니다. 마침내 태수는 형장으로 끌려 나갔고,
형장 주위에서는 온 고을 주민들이 땅을 치며 통곡했습니다.

"우리 태수님이 무슨 죄가 있단 말이오? 죄가 있다면 우
리 목숨을 구한 죄밖에 없소. 태수님을 죽인다면 이 나라의
법은 죽은 법이나 다름이 없소."

"제발 태수님을 살려주시오. 우리를 위해 법을 어겼으니
우리가 대신 죽겠소."

그러나 죽음을 앞에 둔 태수는 한마디의 변명도 하지 않았
고 너무나 태연한 모습으로 형에 복종하였습니다. 모든 것을
지켜본 형리는 마음속 깊이 탄복하여 태수에게 물었습니다.

"죄 없이 억울하게 죽는데 어찌 그리도 태연하오? 그대
는 죽는 것이 좋소?"

"나는 죽음을 좋아하지도 싫어하지도 않소."

"한낮 미물도 죽기를 싫어하거늘 어째서 그대는 죽음을 싫
어하지 않소?"

"마땅히 해야 할 일을 하였으면 그뿐! 어찌 죽고 사는 데 마

음을 두리요."

형리는 잠시 형 집행을 정지하고 모든 사실을 문목왕에게 알렸습니다. 왕은 크게 감격하여 특별사면을 명하고 많은 하사품과 함께 태수의 선정善政을 표창하였지만, 태수는 모든 것을 떨쳐버리고 출가를 하였습니다.

֍

평등한 마음으로 목숨을 돌아보지 않고 마땅히 해야 할 일을 하였던 태수는 마음이 평등한 데에 완전히 계합되어 있었습니다. 백성과 태수는 오직 한 몸이었습니다. 자기를 위해 도사릴 것도 백성을 위해 버릴 것도 없었습니다.

태수의 평등한 마음속은 오직 자비로 충만되어 있었습니다. 그러한 분이었기에 죽음 앞에서도 너무나 초연하였고, 뒷날 출가하여 11종의 조사로 추앙받기까지 한 것입니다.

연수스님처럼 우리도 생사를 넘어서는 평등심을 길러야 합니다. 진정 부처님의 평등성지와 대원경지를 성취하고자 한다면, 마음을 언제든지 평등하고 원만하게 가져야 합니다. 만약 자연스럽게 되지 않으면 자꾸 그렇게 하는 버릇을 들여야 합니다.

습관은 제2의 천성입니다. 평등한 마음, 원만한 마음을 가지고자 진실로 노력한다면 아무리 괴팍한 사람도 바뀔 수 있습니다. 지난달에 잠깐 살펴본 지월指月스님도 젊은 시절에는 성격이 대단한 분이었지만, 자꾸 갈고 닦아 평등심을 이루었기 때문에 산새들까지 자식처럼 따랐던 것입니다.

"자비롭고 평등한 마음 기르기."

이것을 우리들의 숙제로 삼읍시다. 우리 모두 더없이 평등
하고 바른 깨달음인 무상정등정각을 얻을 그때까지, 깊은 자
비심으로 사랑과 미움을 넘어서고, 평등 원만한 마음가짐으
로 가깝고 먼 관계를 청산해 갑시다. 이렇게 버릇들이기를
오래오래 계속하면 지계持戒와 선정력과 지혜가 저절로 생
겨나서, 틀림없이 우리를 부처의 자리로 옮겨놓습니다.

이제 야운스님의 마무리 노래를 함께 불러 봅시다.

가장 높은 보리도를 성취하기 바란다면

어느 때나 또렷하게 평등심을 지닐지라

친소 따져 미워하고 사랑함을 두게 되면

도는 더욱 멀어지고 업은 더욱 깊어지리

욕성무상보리도   야요상회평등심
欲成無上菩提道인 댄   也要常懷平等心이어다

약유친소증애계   도가원혜업가심
若有親疎憎愛計하면   道加遠兮業加深하리라

이로써 스스로를 경책하는 자경십문自警十門의 열 가지 법
문은 모두 끝났으며, 마지막 결론 부분만 남았습니다. 하지
만 여기서 '끝났다' 하지 말고, 하나하나를 다시금 되새겨 자
기의 것으로 만들기를 간곡히 당부드립니다.

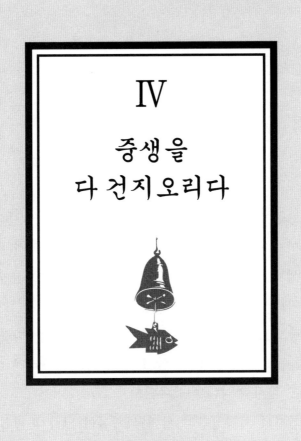

IV
중생을
다 건지오리다

1. 자타일시성불도

1) 금생을 놓치면

주인공아, 그대가 사람의 몸을 받아 태어난 것은 눈 먼 거북이가 구멍 뚫린 나무를 만나는 것처럼 어려운 일이다. 한평생이 얼마나 되기에 도를 닦지는 않고 게으름만 부릴 것인가?

사람으로 태어나기 어렵고 불법을 만나기는 더욱 어렵나니, 금생에 도를 닦지 않고 헛되이 죽어버리면 만겁을 지나도 다시 만나기 어려우니라.

모름지기 자경십문의 법에 의지하여 날마다 새롭고 부지런히 닦아 물러나지 말고, 속히 정각을 이루어 모든 중생을 제도하라.

主_주人_인公_공아 汝_여値_치人_인道_도함이 當_당如_여盲_맹龜_구遇_우木_목이어늘

一生이 幾何관대 不修解怠오
일생　　기하　　　불수해태

人生 難得이요 佛法 難逢이라
인생 난득　　　불법 난봉

此生에 失却하면 萬劫에 難遇니라
차생　실각　　　만겁　난우

須持十門之戒法하야 日新勤修而不退하고
수지십문지계법　　　일신근수이불퇴

速成正覺하야 還度衆生이어다
속성정각　　　환도중생

"주인공主人公아."

야운스님은 자경십문의 하나하나를 자세히 설명한 다음『자경문』의 첫머리에서 부른 마음자리 주인공을 다시 찾았습니다.

일체유심조一切唯心造라고, 모든 것은 마음자리 주인공이 만들어냅니다. 마음이 부처도 만들어내고 중생도 만들어내고, 천당도 지옥도 만들어냅니다.

마음자리 주인공, 그것이 씨앗이 되고 작용을 하여 모든 것을 창조합니다. 나와 너뿐만이 아니라 크고 작고, 길고 짧고, 착하고 악하고, 아름답고 추하고, 친하고 성글고, 살고 죽고, 성하고 쇠한 중생세계가 쫙 펼쳐지게 되는 것입니다.

겉모습 또한 마찬가지입니다. 마음을 어떻게 갖느냐에 따라 각기 다른 껍질을 덮어쓰게 됩니다. 돼지 마음을 가지고 있으면 돼지가 되고, 호랑이 마음을 가지고 있으면 호랑이가 되고, 모기의 마음을 가지고 있으면 모기가 되는 것입니다.

부처님의 십대제자 중 한 사람인 아난존자가 조용히 앉아 있는데, 모기 한 마리가 '앵-'하며 날아와 뺨에 붙었습니다. 그런데 쫓는다고 건드렸더니 모기가 그만 죽어버렸습니다. 아난존자는 죽은 모기를 손바닥에 놓고 왕생극락을 기원하며 염불을 하다가, 모기의 전생을 관하여 보았습니다.

그 모기는 삼생 전 인도 천지를 뒤흔들던 대장군이었습니다. 그러나 장군은 강한 자에게는 약하고 약한 자에게는 강한 사람이었습니다. 특히 왕에게는 지나치게 아부를 하였습니다.

그 과보로 다음 생에는 기생의 팔자를 타고 태어나 뭇 남성들에게 갖은 애교를 떨며 돈을 모았고, 남자들의 진액을 빨아들이며 한평생을 보내다 죽었습니다.

그 결과 현생에서는 '앵-'하며 간드러지는 소리를 내며 날아들어 사람의 피를 빨아 먹는 모기가 되고 말았다는 것입니다.

그러므로 세상살이에 있어 가장 중요한 것은 "어떤 마음가짐을 갖고 사느냐."하는 것입니다.

다행스럽게도 우리는 사람의 몸을 받았습니다. 생각하는 동물, 만물의 영장으로 태어난 것입니다. 그러므로 이때를 결코 놓쳐서는 안 됩니다. 바로 이때 마음을 좋고 또 좋게 써서, 보다 높은 삶의 길로 나아가야 합니다.

야운스님께서는 "사람의 몸을 받아 태어나는 것은 눈 먼 거북이가 구멍 뚫린 나무를 만나는 것처럼 어렵다."고 말씀하셨습니다.

맹구우목盲龜遇木. 일년에 몇 차례만 바다 위로 나와 바람을 쐬는 눈 먼 거북이. 그렇지만 눈이 멀어 몇 번 허우적거리다가 걸리는 것이 없으면 도로 물속으로 들어갈 수밖에 없습니다. 그런데 마침 가운데에 구멍이 뻥 뚫린 나무토막 하나가 파도를 타고 떠내려와서 거북의 몸에 걸리게 되면, 거북은 얼마 동안 편안하게 휴식을 취한다는 것이 맹구우목의 이야기입니다.

이 얼마나 드문 일입니까? 이처럼 사람으로 태어나기가 어려운 일이요, 부처님 법을 만나기는 더욱 어려운 일입니다. 다행히 우리는 부처님 법까지 만났습니다. 그렇지만 열심히 도를 닦으려 하지 않는 사람이 많습니다.

우리가 지금 살고 있는 이 한 생이 긴 것입니까? 오늘 하루 편안하면 된 것입니까? 편안할 때는 살만한 인생이라 생각하겠지만, 죽음의 공포가 눈앞에 다가오면 그 어떠한 것도 힘이 되지 못합니다. 빈둥빈둥, 대충대충 사는 인생을 무상살귀無常殺鬼는 용납하지 않습니다. 그때가 되면 내가 지은 업만이 나를 따를 뿐이요, 힘써 닦은 도만이 나를 구원합니다.

근대 우리나라 선종의 중흥조로 추앙받고 있는 경허(鏡虛, 1846~1912)선사는 14세에 출가하여 동학사 만화대강사萬化大講師 밑에서 경전을 공부하였고, 23세의 어린 나이에 동학사 강원의 강사로 추대되었습니다.

경허스님은 모든 학인學人들의 추앙을 받으면서 8년 동안 편안한 생활을 했습니다. 어느 날 은사 계허桂虛스님이 그리워진 경허스님은 문득 여행길에 올랐습니다. 어느 마을에 접어들자 날이 어두워졌는데, 갑자기 폭우까지 쏟아졌습니다. 스님은 인가를 찾아 대문을 두드렸습니다.

"갑자기 비를 만났습니다. 하룻밤 신세를 질 수 없겠습니까?"

"아니되오."

주인은 박절하게 거절하고 문을 꽝 닫았습니다. 또 다른 집의 대문을 두드렸으나 이번에는 문도 열어주지 않고 퉁명스럽게 거절했습니다. 세 번째 집에서는 노인 한 분이 나와 점잖게 타일렀습니다.

"스님, 여기 묵을 생각은 아예 마시오. 이 마을에는 악성 돌림병이 유행하고 있소. 그 병에 걸린 사람은 영락없이 죽으니 어서 이 마을을 떠나시오."

그때 반대편 집에서 장정이 송장을 업고 나오는 것이 보였습니다. 순간 경허스님은 머리카락이 쭈뼛 서고 온몸에 소름이 돋으면서 이제까지 꿈에서조차 생각하지 않았던 죽음이 눈앞에 있음을 느꼈습니다.

스님은 얼른 마을을 벗어났습니다. 하지만 억수같이 쏟아지는 비 때문에 멀리는 갈 수가 없었습니다. 조금 떨어진 정자나무 아래에 서서 보니 그 마을은 마치 죽음의 성과 같이 느껴졌고, 금방이라도 유령이 튀어나와 덮칠 것만 같았습니다.

스님은 하룻밤 내내 정자나무 아래 선 채 죽음의 공포와 싸웠습니다. 가사 장삼을 걸치고 부처님 전에 예배드릴 때의 거룩함도, 학인들을 가르칠 때의 위엄도 모두 헛것에 불과했음을 깨달았습니다.

'생사일대사生死一大事. 이것을 해결하지 못하면 아무것도 아니다. 생사를 넘어서는 공부를 해야 한다. 공부를!'

날이 밝자 스님은 동학사로 돌아와 학인들을 모은 다음 강원의 해산을 선포했습니다.

"여러분은 나에게서 무엇을 배우려 하지 마시오. 나의 가르침은 살아있는 가르침이 아니오. 이제부터 나는 나의 문제와 목숨을 건 대결을 하고자 하오."

그날부터 스님은 문을 걸어 잠그고 뼈를 깎는 참선정진을 시작했습니다. 턱 밑에 뾰족한 송곳을 세워 졸지 못하도록 하였고, 망상이 판을 치면 바늘로 허벅지를 찌르며 화두를 새겼습니다.

치열한 용맹정진을 시작한지 불과 석 달, 경허스님은 1880년 11월에 생사일대사를 해결하고 대오大悟하였습니다.

8

이 경허스님처럼 죽음을 생각하십시오. 인생의 무상함을 생각하십시오. 금생을 놓치면 도를 닦을 기회는 쉽게 돌아오지 않습니다. 도를 닦지 못하고 헛되이 죽어버리면 다시 사람의 몸을 받더라도 도를 닦을 인연이 주어지지 않습니다.

지금이 가장 좋은 기회입니다. 지금 제행무상을 깨달아 분발해야 합니다. 이 자리에서 부처님의 법에 의지하여 부지런히 정진해야 합니다. 자세가 흐트러지면 이제까지 공부한 자경십문自警十門의 가르침을 되새기면서, 처음 도심을 일으켰을 때의 마음으로 돌아가 새롭게 시작해야 합니다.

정녕 이 자경문과 함께 매일매일 분발하고 매일매일 시작하는 마음을 만들면서 꾸준히 정진해보십시오. 이렇게 정진하다보면 어떠한 상황에서도 평화로움을 잃지 않는 힘을 얻게 되고, 생사를 넘어서는 올바른 깨달음을 이루어, 뭇 생명 있는 자를 제도할 수 있게 되는 것입니다.

2) 중생 제도는 본원本願

나의 근본 원은 그대 혼자만 생사의 바다를 벗어나는 것이 아니라, 중생들 모두를 생사의 바다에서 구해내는 것이니라. 무슨 까닭인가?

그대는 시작 없는 옛적부터 금생에 이르기까지 태란습화胎卵濕化 네 가지로 생명을 받을 때마다 부모를 의지하여 출몰하였도다. 그러므로 지극히 오랜 세월 동안 부모가 되었던 이만하여도 한량이 없고, 이렇게 관찰한다면 육도 중생 중 그 많은 생애에서 부모가 되지 않았던 이가 없을 것이다.

이와 같은 중생들이 악취惡趣에 떨어져 밤낮없이 고통을 받고 있나니, 만약 그대가 구제하지 않는다면 언제 벗어날 수 있겠는가? 가슴이 찢어지듯 애닯고 슬프도다.

천번 만번 바라노니, 그대는 빨리 큰 지혜를 밝혀 신통력과 자재한 방편의 힘을 갖추고, 속히 거친 파도를 헤쳐가는 지혜로운 노가 되어 탐욕의 저 언덕에서 헤매는 미혹한 중생들을 널리 건질지어다.

我之本願은 非謂汝獨出生死大海라
亦乃普爲衆生也니 何以故오
汝自無始以來로 至于今生히

항치사생　　　삭삭왕환　　　개의부모이출몰야
恒値四生하야 數數往還함이 皆依父母而出沒也라
고　　광겁부모　　　무량무변
故로 曠劫父母가 無量無邊하니
유시관지　천　육도중생　　무비시여　　다생부모
由是觀之컨대 六道衆生이 無非是汝의 多生父母라
여기등류함몰악취　　　　일야　　수대고뇌
如是等類咸沒惡趣하야 日夜에 受大苦惱하나니
약불증제　　하시출리
若不拯濟면 何時出離리요
오호애재　　통전심부
嗚呼哀哉라 通纏心腑로다
천만망여　　　조조발명대지
千萬望汝하노니 早早發明大智하야
구족신통지력　　자재방편지권
具足神通之力과 自在方便之權하야
속위홍도지지즙　　　광도욕안미지륜
速爲洪濤之智楫하야 廣度欲岸之迷倫이어다

불자들의 본원本願은 중생제도입니다. 혼자만 깨치는 이는 부처님의 참된 제자가 아닙니다. 부처님도 깨친 다음에는 중생을 깨우치고자 45년 동안 설법하였고, 역대 조사들도 중생제도를 위해 끝없는 자비의 문을 열었습니다.

뿐만이 아닙니다. 중생제도의 본원이 없는 자는 크게 깨달을 수도 없습니다. 중생과 내가 한 몸인데 그 평등성平等性을 저버리면 무상정등정각을 이룰 수가 없습니다. 본원이 없으면 자기만의 깨달음에서 벗어날 수가 없는 것입니다.

또한 세세생생토록 우리의 부모가 되었던 이, 형제 · 자매가 되었던 이, 자식이나 친구가 되었던 이, 은혜를 입은 이를 어찌 다 헤아릴 수 있겠습니까? 적어도 그들만이라도 구제할 도력을 갖추어야 하지 않겠습니까?

우리는 중생제도의 길에 앞장을 서야 합니다. 크나큰 진리의 세계에서 볼 때 중생과 나는 다른 몸이 아닙니다. 굳이 '전생의 부모'라는 말을 빌리지 않더라도 우리의 근본 원은 자타일시성불도自他一時成佛道요, 자기를 뛰어넘는 대자비심 속에 도는 이미 갖추어져 있기 때문입니다.

인도에서 유식사상唯識思想을 정립한 대고승으로 무착無着스님이 계십니다. 스님은 불교 역사상 '보살'이라는 칭호를 얻은 성인입니다.

일찍이 무착스님은 미륵보살의 진신眞身을 친견하기 위해 12년 동안이나 노력하였습니다. 그러나 마음 저 깊은 곳에 구하는 것이 많고 증득證得하고자 하는 욕망이 가득하였던 그에게, 미륵보살은 쉽게 모습을 나타내어 주지 않았습니다.

어느 날, 길을 가던 무착스님은 다 죽어가는 개에게 달라붙어 살을 갉아먹고 있는 벌레들의 모습을 보게 되었습니다. 벌레들은 이미 개의 사지四肢 일부를 먹어 악취가 진동하였고, 감히 쳐다보기도 역겨운 상태에 놓여 있었습니다.

그때 무착스님은 마음 깊은 곳에서 우러나는 본원의 소리를 듣습니다. 스님은 개도 벌레도 모두 살리기 위해 지나가는 행인에게 자신의 승복을 벗어주고 칼을 구한 다음, 칼로 자신의 넓적다리 살을 도려내었습니다. 그리고 그 살을 먹도록 개에게 달라붙어 있는 벌레들을 혓바닥으로 핥아 옮겼습니다.

그 순간, 벌레와 개의 먹고 먹히던 현장이 찬란한 광명을 발하면서 미륵보살로 바뀌었습니다.

"내가 항상 네 곁에 있었지만, 네 마음의 눈이 어두워서 나를 보지 못하더니 이제야 나를 보는구나. 내 옷자락을 잡아라."

미륵보살을 따라 도솔천으로 올라간 무착스님은 그곳에서 갖가지 설법을 듣고 도를 깨달아, 뒷날 불교의 유식사상을 확립시켰던 것입니다.

৪

자리이타自利利他 자각각타自覺覺他.

수행자의 자리행自利行은 곧 이타행利他行이요 이타행은 곧 자리행이 됩니다. 자기의 깨달음은 곧 남을 깨닫게 하는 길이요 남을 깨우치는 삶은 나를 깨달음의 길로 인도합니다.

많은 불보살님들이 중생제도를 위해 목숨을 아끼지 않았듯이, 우리 불자들은 중생제도라는 본원을 잊어서는 안 됩니다. 성불까지 맨 마지막으로 미루고 중생제도의 길로 들어선 지장보살님을 기억하십시오. 대원의 본존으로 추앙받고 있는 지장보살님께서는 맹세를 하셨습니다.

"맹세하오니, 미래의 시간이 다할 때까지 죄고罪苦에 빠진 중생이 있으면 널리 방편을 베풀어서 모두 해탈케 하오리다."

"맹세하오니, 죄고를 받는 육도중생 모두를 해탈케 한 다음 성불할 것이옵니다."

중생제도를 위해 스스로의 성불을 가장 뒤로 미룬 지장보살님. 그렇다고 하여 지장보살이 도력이 없는 분입니까? 아닙니다. 그 어떤 보살보다 도력이 뛰어난 분입니다. 그 크나크신 원력과 자비심만큼이나 도력이 크신 분입니다.

진정으로 나를 비우고 중생과 하나가 되는 자비행을 실천해 보십시오. 지혜는 더 밝아지고 신통력과 방편의 힘은 더욱더 커집니다.

자리가 이타요, 이타가 곧 자리입니다. 부디 중생제도의 본원을 잊지 말기를 당부하고 또 당부드립니다.

2. 결코 물러서지 말라

1) 깨달음은 스스로 다가온다

그대는 보지 못하였는가? 역대의 모든 부처님과 조사들이 옛날에는 우리와 같은 범부였음을! 저도 장부요 그대도 장부. 다만 하지 않기 때문에 그러한 것일 뿐, 할 능력이 없는 것은 아니리라.

옛사람이 말하기를, "도가 사람을 멀리하는 것이 아니라 사람이 스스로 멀리한다"하였으며, 또 말하기를 "내가 어질고자 하면 어진 것이 스스로 찾아온다"하였으니, 진실로 옳은 말씀이니라.

君不見가 從上諸佛諸祖가 盡是昔日에 同我凡夫니라

彼旣丈夫라 汝亦爾니 但不爲也언정 非不能也니라

古曰 道不遠人이라 人自遠矣라 하며

又云 我欲仁이면 斯仁至矣라 하시니 誠哉라 是言也여

먼저 야운스님께서는 '그대는 보지 못하였는가〔君不見〕'하면서 과거의 예를 들어 우리에게 용기를 심어주고 있습니다. 이 말씀을 조금 더 풀어보겠습니다.

"이미 지난 세상에 도를 이룬 분들을 살펴보아라. 모두가 그대와 다를 바 없는 범부였었다.

석가모니불이 원래 부처였더냐? 역대의 조사스님이 원래 도인이었더냐? 아니다. 그분들도 이전에는 범부였었다. 업에 휩싸여 멍텅구리 바보처럼 지낸 때도 있었고 세상 명리에 사무쳐서 허덕인 때도 있었다.

우리와 다른 점이 있다면, 어느 날 홀연히 제행무상諸行無常을 절감하고 위없는 깨달음을 이루겠다는 무상발심無上發心을 하며 용맹정진을 하고 마침내 무상정등정각을 이룬 것이다.

생각해보아라. 그분들만 대장부요 나는 졸장부인가? 이 세상 어느 누가 자기를 졸장부로 여기며 살아가더냐? 그대는 틀림없는 대장부다. 마침내 부처가 될 수 있는 대장부다. 용기를 잃지 말아라. 쉽게 포기하고 물러서지 말아라.

그대도 불성佛性이 있는 존재. 어찌 부처될 능력이 없겠는가? 하면 된다. 하기만 하면 틀림없이 부처가 될 수 있다. 부디 불성을 발현시켜 부처가 되어라. 틀림없이 그대도 부처가 될 수 있다. 틀림없이 부처가 될 수 있어."

아무쪼록 마음공부를 열심히 해보십시오. 한 생生 나오지 않은 요량하고 마음껏 공부 해보십시오.

망상이 일어나거든, "네 이놈, 네놈 말만 듣고 살다가 내 신세가 요 모양 요 꼴이 되었으니 이제는 내 말 좀 들어봐라. 죽나 사나 한번 해보자."하면서 도리어 용맹심을 내어야 합니다.

망상과 산란과 무명無明의 불이 나의 공부를 방해하더라도 결코 두려워하지 마십시오. 무명의 불이 비록 흉악하고 가치 없는 불이지만, 그 불이 작용하여 더욱 뛰어난 대장부를 단련해내기 때문입니다.

오고 가고 생각하고 밥 먹고 대소변을 볼 때도 화두·염불·주력수행을 하면서 꾸준히 나아가면 탐심貪心·진심瞋心 등의 망상이 저절로 쉬어지고, 잡념이 붙으려고 해도 붙을 수 없는 일상삼매의 경지에 이르게 됩니다.

그러나 여기에서 멈추면 안 됩니다. 한걸음 더 나아가야 합니다. 거듭거듭 채찍질하여 지극히 고요한 경지에 들어가면 마음이 차츰 맑아지고, 맑아지면 밝아지고, 밝아지면 통하게 되어 마침내 해탈의 경지에 이르게 됩니다. 이 경지에 이를 때까지 결코 공부의 고삐를 늦추면 안 됩니다.

그런데 공부하는 우리가 특별히 명심하고 주의할 점이 있습니다. 그것은 우리가 깨달음을 찾아가는 것이 아니라 깨달음이 우리에게 스스로 다가온다는 것입니다.

✿

조선시대 초기의 고승 벽계정심碧溪淨心 선사와 벽송지엄碧松智儼 선사의 인연은 불교 탄압이 가장 극심했던 연산군 때 이루어졌습니다.

불상을 파괴하고, 승려를 환속시켜 사냥터의 동물 몰이꾼으로 삼는 등 연산군의 횡포가 불교를 존립 위기의 상황으로 몰고 가자, 황악산 직지사에 있던 정심선사는 속인으로 변복하고 산 너머에 있는 물한리勿罕里로 들어가서 불법을 전할 시기를 기다리고 있었습니다. 그때 간절히 도를 구하고자 했던 지엄선사가 물어 물어서 정심선사를 찾아간 것입니다.

그러나 정심선사는 선지禪旨를 일러 주기는커녕 매일 일만 시켰습니다. 3년을 함께 지내면서 무수히 '도가 무엇인가?'를 물었으나 법문 한마디 듣지 못했습니다. 마침내 지엄은 행장을 꾸리고 정심선사에게 하직 인사를 드렸습니다.

"스님, 저는 떠나겠습니다."

"왜 가려고 하느냐?"

"3년 동안 스님을 모셨지만 도가 무엇인지는 한마디도 일러주지 않으셨습니다. 그냥 매일 일만 시키시니 더 있어 본들 별 수가 있겠습니까? 떠나겠습니다."

"그래? 그렇다면 가거라."

지엄선사가 뒤도 돌아보지 않고 고개 언덕을 넘어서 내려가는데, 뒤따라 온 정심선사가 고갯마루에 서서 큰소리로 불렀습니다.

"지엄아, 지엄아, 나를 보아라."

정심선사는 발길을 멈추고 뒤를 돌아보는 지엄에게 말했습니다.

"내가 매일 밥을 지으라고 할 때 설법하였고 차를 달여 오라고 할 때 설법하였고 나무하라고 할 때 설법하였고 밭을 매라고 할 때 설법하였는데, 네가 몰랐으니 오늘은 법을 받아라."

그리고는 불끈 쥔 주먹을 내밀어 보였습니다. 그 순간 지엄선사는 확철대오 하였습니다.

§

이 이야기를 듣고 어떤 사람은 이상하게 생각할 것입니다.

"법문 한마디 듣지 않고 어떻게 도를 깨달을 수 있지?"

실로 지엄선사는 정심스님으로부터 한마디의 법문도 듣지 못했지만, 한순간도 '도가 무엇인가?' 하는 의문을 버리지 않았습니다.

'무엇인가?'

스승이 가르쳐 주지 않으면 않을수록 지엄선사의 물음표는 점점 커졌습니다. 반대로 정심선사는 이 물음표가 풍선처럼 커지고 커져서 터질 날만 기다리고 있었던 것입니다. 지엄선사가 스승의 곁을 떠날 즈음 물음표에 대한 답은 이미 다가와 있었고, 바로 그 순간을 잡아 정심선사가 불끈 쥔 주먹을 내밀었던 것입니다.

결코 도는 특별한 곳에 숨겨져 있는 것이 아닙니다. 보물찾기하듯이 뒤져서 찾아내는 것이 아닙니다. 야운스님의 말씀처럼 도는 멀리 있지도 않고 사람을 멀리하지도 않습니다. 내가 어질고자 하면 어진 것이 스스로 찾아옵니다. 우리가 부지런히 공부를 하고 정진을 하다보면 도는 저절로 다가옵니다. 아니, 다가오는 것이 아니라 이미 그 자리에 있던 것이 드러나는 것입니다.

석가모니 부처님께서는 새벽 샛별을 보는 순간 성불하셨습니다. 누구나 볼 수 있는 새벽 샛별 속에 성불할 수 있게 해주는 특별한 그 무엇이 있습니까? 아닙니다. 분명히 없습니다.

그럼 무엇 때문에 성불한 것일까? 삼매三昧에 들어 마음이 고요해지고 맑아지고 밝아지면 자성불自性佛이 저절로 발현되어 부처가 되는 것입니다. 그때가 되면 모든 것이 도입니다. 모든 곳에 도가 있습니다. 눈과 눈이 서로 마주 보는 데 도가 있고, 일상생활에, 삼라만상에 도가 있습니다. 우리가 오고 가는 데 도가 있고, 물건을 잡고 놓는 것이 곧 그대로 선禪입니다.

이 원리를 분명히 안다면 도를 찾는다는 명목으로 헛된 것을 뒤지는 일은 없을 것입니다. 참선·간경·주력·염불, 그 어떤 공부를 할지라도 자기 마음자리를 돌아보며 공부를 하여야지, 밖에서 찾는 공부를 하여서는 성불을 기약할 수 없습니다.

2) 신심으로 견성성불을

만약 신심만 물러서지 않는다면 누가 견성성불見性成佛을 하지 못하겠는가?

내 이제 삼보를 증명으로 모시고 한 가지 한 가지씩 그대에게 경계를 한 것이니, 잘못된 줄 알면서 고의로 범한다면 산 채로 지옥에 떨어지리니, 부디 삼가고 또 삼갈지니라.

약 능 신 심 불 퇴 즉 수 불 견 성 성 불
若能信心不退則誰不見性成佛이리요
아 금 　 증 명 삼 보 　 　 일 일 계 여
我今에 證明三寶하사 一一戒汝하노니
지 비 고 범 즉 생 함 지 옥 　 　 가 불 신 여 　 가 불 신 여
知非故犯則生陷地獄하리니 可不愼歟며 可不愼歟아

모든 것은 나에게 달렸습니다. 견성하느냐 못하느냐? 성불하느냐 못하느냐? 그것은 오직 나에게 달렸습니다. 결코 물

러서지 않는 불퇴전不退轉의 신심으로 나아가면 틀림없이 견성성불 할 수 있습니다.

불교사 전체를 통하여 볼 때 금강불괴金剛不壞의 신심으로 정진하여 도를 이룬 분이 너무나 많습니다. 그중 송나라 법원法遠 선사의 구도 이야기는 많은 수행자의 귀감이 되고 있습니다.

🌸

젊은 시절, 법원스님은 의회義懷스님과 함께 전국 선원禪院의 선지식을 찾아다니며 공부를 하다가 귀성歸省화상을 찾아갔습니다. 두 스님이 절에 들어서자 귀성화상은 대뜸 고함을 지르며 욕설을 퍼부었고, 양동이로 물을 끼얹은 다음 부엌으로 달려가 아궁이에서 재를 퍼다가 머리 위에 퍼부었습니다. 두 스님은 물에 빠진 생쥐가 잿더미 위를 뒹군 꼴이 되어버렸습니다. 그러나 두 스님이 꼼짝을 하지 않자, 대중의 음식과 침구를 관리하는 전좌典座 소임을 맡아보도록 하였습니다.

법원과 의회스님은 그 순간부터 고달프게 일을 하면서 공부를 하였습니다. 그러나 그 절 스님들의 식사는 매우 검소하여, 가축의 먹이와 크게 다를 바가 없었습니다. 이런 상황에서 전좌의 직책을 감당하기란 실로 눈물겨웠으며, 공부하는 수좌들에게도 여간 미안하지 않았습니다.

어느 날, 귀성화상이 출타한 틈을 타서 수좌들이 법원스님에게 몰려와 특별공양을 청했습니다.

"날마다 사람으로서는 차마 먹지 못할 것을 음식이라고 먹으니 힘이 하나도 없고, 힘이 없으니 도를 닦기도 힘듭니다. 노스님 안 계실 때 흰죽이나 한번 쑤어 먹읍시다."

전부터 늘 딱한 마음을 갖고 있었던 법원스님은 선뜻 응하여 부랴부랴 죽을 쑤었고, 대중들은 배가 잔뜩 부르게 실컷 먹었습니다. 얼마 후 귀성화상이 절에 돌아오자 한 승려가 이를 일러바쳤고, 노발대발한 화상은 당장 죽을 쑨 장본인을 불러오라고 불호령을 내렸습니다.

"네 이놈! 누구 허락을 받고 죽을 쑤어 주었느냐? 이 산의 법규法規를 네 멋대로 어지럽혀? 너 같은 놈은 용서할 수 없다."

귀성화상은 추상같이 꾸짖더니 즉석에서 감찰업무를 맡아 보는 지사승知事僧을 불렀습니다.

"법원의 소유물을 모조리 빼앗아 처분한 다음 절 재산에 넣도록 해라."

그리고는 법원스님을 절에서 내쫓았습니다. 빈손으로 쫓겨난 법원스님은 거리를 방황하다가, 귀성화상 몰래 절로 돌아가 마루 밑에 숨었습니다. 오직 귀성화상의 법문을 듣겠다는 일념으로 먼지와 습기가 가득찬 마루 밑에서 주먹밥 한 덩이씩을 얻어먹으며 목숨을 부지하다보니, 몰골은 산송장이나 다를 바가 없었습니다. 그러나 마루 밑에서의 변함없는 정진은 스님을 진흙 속의 연꽃과 같은 경지로 끌어올리고 있었습니다.

어느 날 귀성화상은 외출을 하려고 막 방장실을 나오다가 문득 법원스님의 모습을 발견하였습니다. 귀성화상은 큰 변이나 당한 듯이 소리 소리를 지르며 달려들었습니다.

"이놈! 여기에 얼마나 있었느냐?"

"예, 한 반년 있었습니다."

"뭐? 반년이나 있었다고? 야 이 도둑놈아! 당장 숙박료를 내놓아라. 만약 한 푼이라도 덜 내었다가는 관官에 고발하여 감옥에 집어넣으리라."

법원스님은 마루 밑에서 쫓겨나면서도 귀성화상을 원망하지 않았습니다. 오히려 공동묘지, 다리 밑, 굴, 남의 집 헛간 등을 옮겨 다니며 부지런히 탁발하여 귀성화상이 요구했던 숙박료를 깨끗이 갚았습니다. 그리고 탁발 중에도 멀리 귀성화상의 모습이 보이면 그 자리에 엎드려 지극정성으로 절을 하였습니다.

이렇게 몇 달이 지난 후, 귀성화상은 돌연히 산중의 대중 모두를 법당으로 집합시켜 법문을 시작했습니다.

"이 산의 고불古佛, 그리고 대중은 들어라."

그러자 대중 모두가 의아해하며 여쭈었습니다.

"노스님, 이 산중에 스님 외에 또 다른 고불이 있습니까?"

"그렇다. 법원스님이야말로 진고불眞古佛이니라. 대중들은 즉시 거리로 나가 법원스님을 법답게 맞아들일지어다."

이렇게 귀성화상은 법원스님을 영접하여 대중들 앞에서 불조정전佛祖正傳의 대법을 전하는 건당식建幢式을 거행하였습니다.

♂

법원선사와 같은 구도의 자세. 이러한 신심이라면 견성성불도 어렵지 않습니다. 견성성불이 피해가고 싶다 할지라도 결코 피해갈 수가 없습니다. 부처님의 정법을 믿고 스승을 믿고 마음자리 주인공을 믿고 분명히 닦아가면 틀림없이 견성성불을 할 수 있습니다.

참선·염불·주력·경전공부 등은 우리 불자들이 마땅히 평생을 두고 해야 할 공부입니다. 조금 해보고 잘 안된다고 해서 나약해지거나 희망을 잃어서는 안 됩니다. 앞서 도를 깨달은 무수히 많은 분들을 생각하며 용맹심을 일으켜 꾸준히 계속하다보면, 나도 모르는 사이에 크고 작은 깨달음들이 나에게로 다가옵니다.

부디 참선·염불·주력·경전공부 등을 하면서 자성불自性佛, 마음자리, 주인공 밝히기에 몰두해 보십시오. 지금은 비록 잘 안될지라도, 꾸준히 하다보면 반드시 트일 날이 있습니다. 흐르는 물이 소용돌이를 만나면 정체되는 듯하지만, 잠깐 맴돌다가 그 굽이를 빠져나가면 더욱 힘차게 흘러갑니다.

언제나 자기를 돌아보면서 거듭거듭 결심을 새롭게 합시다. 반드시 깨달음은 우리의 것이 될 것입니다.

이제 야운스님께서는 마지막 노래를 부릅니다.

옥토끼는	오르내려	늙은 모습	재촉하고
금까마귀	출몰하며	이내 목숨	재촉하네
명예 재물	구하는 일	아침 이슬	다름없고
괴로움과	영화로움	저녁 연기	같은 것을
그대에게	권하노니	부지런히	도를 닦아
어서 빨리	부처되어	미한 중생	제도하라
이번 생에	나의 말을	듣지 않고	지낸다면
다음 생의	한탄함이	실로 많고	끝없으리

옥 토 승 침 최 노 상
玉兎昇沈催老像이요

금 오 출 몰 축 년 광
金烏出沒促年光이로다

구 명 구 리 여 조 로
求名求利如朝露요

혹 고 혹 영 사 석 연
或苦或榮似夕烟이로다

권 여 은 근 수 선 도
勸汝慇懃修善道하노니

속 성 불 과 제 미 륜
速成佛果濟迷倫이어다

금 생 약 불 종 사 어
今生若不從斯語하면

후 생 당 연 한 만 단
後世當然恨萬端이리라

옥토끼는 달이고 금까마귀는 해입니다. 해와 달이 뜨고 질 때마다 우리는 죽음 앞으로 가까이 다가갑니다. 인생은 결코 긴 것이 아닙니다. 죽음을 향한 길은 바쁘고 또 바쁩니다.

아침 이슬과 저녁연기 같이 일순간에 흩어져 버리는 부귀와 영화들. 이 실체를 분명히 알아서 헛된 세월을 보내지 않도록 해야 합니다. 그 방법이 무엇인가? 그 방법은 자기를 돌아보고 또 돌아보면서 닦아가는 길밖에 없습니다.

꾸준히 참선·염불·주력·경전공부를 하면서 마음자리를 돌아보고 점검하면, 어느 순간 일념一念 사이에 마음자리 자성불과 상응하여, 앞뒤의 경계가 끊어지고 중생과 부처가 둘이 아닌 도리를 체득하게 되며, 그때가 되면 한 자리에 가만히 앉아서도 능히 모든 중생을 제도할 수 있게 됩니다.

간절히 바라건대, 언제나 주인공을 돌아보고 또 돌아보십시오. '나도 부처가 될 수 있다', '나도 멋진 삶을 살 수 있다'는 확고한 신심으로 불철주야 노력하십시오. 그리고 마음이 흩어질 때마다 이『자경문』을 펼쳐 읽고 또 읽으십시오. 틀림없이 분발심이 날 것이고, 마침내 생사의 경계에 대자재를 얻어서, 모든 중생을 평화롭고 지혜로운 길로 인도할 수 있게 될 것입니다.

자기를 경책하고 자기를 돌아보는 마음!

바로 이 속에 성불의 비결이 있습니다. 이 속에 성공과 행복의 비결이 있습니다. 부디 돌아보고 또 명심하여 마음자리 부처를 회복하기를 두 손 모아 축원드립니다.

나무마하반야바라밀摩訶般若波羅蜜.

부록

독송용
한글 자경문

자 경 문

야운비구 지음

주인공(主人公)아, 내 말을 들으라.

많고 많은 사람들이 공문(空門) 속에서 도를 이루었거늘, 어찌 그대는 고통의 세계에서 아직까지 윤회를 하고 있는가?

그대가 시작 없는 옛적부터 금생에 이르기까지 참된 깨달음의 마음자리를 등지고 객진번뇌(客塵煩惱)에 몸을 맡긴 채〔背覺合塵〕어리석음에 빠져, 온갖 악업을 끊임없이 지었기 때문에 삼악도(三惡道)의 괴로운 윤회에 시달리고, 갖가지 선행을 닦지 않았기 때문에 사생(四生)의 업바다〔業海〕에 잠겨 있는 것이니라.

이 몸에는 여섯 도둑〔六賊〕이 따라다니기 때문에 나쁜 곳에 떨어지면 지독한 신고(辛苦)를 받게 되고, 마음이 일승(一乘)을 등진 까닭에 사람으로 태어나더라도 부처님 나시기 전이나 부처님 가신 뒤가 되는 것이다.

이제 다행히 사람의 몸을 얻었으나 부처님 가신 뒤의 말법 세상이니 슬프고도, 애통하도다. 하지만 이것이 누구의 허물이겠는가!

그러나 이제라도 그대가 능히 반성하여 애욕을 버리고 출가한다면, 그리하여 응량기(應量器)(바루)를 받아지니고 대법복(大法服)(가사)을 입고 티끌세상을 벗어나는 지름길을 밟아 번뇌가 없는 무루(無漏)의 묘법을 배운다면, 용이 물을 얻은 것과 같고 범이 산에 있는 것과 같나니, 그 수승하고 묘한 도리는 이루 다 말할 수 없느니라.

사람에게는 옛날과 지금이 있지만 법에는 멀고 가까움이 없으며, 사람에게는 어리석음과 지혜로움이 있지만 도에는 성하고 쇠함이 없느니라. 비록 부처님 당시에 태어났다 할지라도 부처님의 가르침을 따르지 않는다면 무슨 이익이 있으며, 아무리 말세를 만났다 할지라도 부처님의 가르침을 받들어 행한다면 무엇이 해로우랴.

그러므로 부처님께서 이르셨다.

"나는 아주 용한 의사와 같아서 병을 알아 약을 주나니 먹고 먹지 않는 것은 의사의 허물이 아니며, 나는 또한 훌륭한 길잡이와 같아서 사람들을 좋은 길로 인도하나니 듣고서 가지 않는 것은 길잡이의 허물이 아니니라. 자기도 이롭게 하고 남도 이롭게 하는 법이 원래 다 구족되어 있으니, 내가 더 오래 세상에 머물러 있다 할지라도 더 이상 이익될 것이 없느니라. 이제부터 나의 제자들이 이 법을 끊임없이 이어 그대로만 실천하게 되면, 부처님의 법신이 항상 머물러 없어지지 않느니라."

만일 이러한 이치를 분명히 알게 되면, 오직 스스로 도 닦지 않는 것을 한탄할지언정 어찌 말세에 태어난 것을 근심할 것인가?

엎드려 바라노니, 그대는 모름지기 결렬한

뜻을 일으켜, 기어코 성취하겠다는 마음으로 속된 인연과 뒤바뀐 소견들을 모두 버리고, 진실로 생사의 큰 일〔生死大事〕을 해결하기 위해 조사의 공안(公案)을 잘 참구하되, 대오(大悟)로써 법칙을 삼을 뿐, 부디 스스로를 가벼이 여겨 물러서지 말지어다.

이 말세는 성인이 가신 지 오래 되고 마(魔)가 강해져서, 법이 약하고 삿된 사람이 많으며, 남을 잘 지도하는 이는 적고 남을 잘못 지도하는 이는 많으며, 지혜로운 이가 적고 어리석은 사람이 많으니라. 그리하여 스스로만 도를 닦지 않을뿐더러 다른 사람까지 괴롭히나니, 무릇 수행에 방해되는 인연이 말할 수 없이 많으니라.

그대가 길을 잘못 들까 염려하여, 내 좁은 소견으로 열 가지 문을 마련하여 경책하노니, 그대는 모름지기 이 말을 그대로 믿고 하나도 어기지 말기를 간절히 바라노라.

어리석고 안 배우면 교만만이 늘어나고

어둔 마음 안 닦으면 아상만이 자란다네
주린 배에 높은 마음 굶은 범과 다름없고
앎도 없이 방일하면 원숭이와 한가지라
삿된 소리 마구니 말 곧잘 귀를 기울여도
성인 말씀 현인의 글 듣고 보려 하지않네
착한 도에 인연 없는 그대 누가 제도할까
삼악도에 깊이 빠져 온갖 고통 뿐일러라

첫째, 좋은 옷과 맛있는 음식을 멀리할지니라.

밭 갈고 씨 뿌리는 일로부터 먹고 입는 데 이르기까지 사람과 소의 공력이 매우 많이 들었을 뿐 아니라, 그 때문에 죽고 상한 벌레들 또한 한량이 없다.

소와 사람에게 수고를 끼쳐 내 몸을 이롭게 하는 것도 못할 일인데, 하물며 남의 생명을 끊어 내 몸 살리는 일을 어찌 차마 할 것인가?

농부에게도 자주 헐벗고 굶주리는 고통이 찾아들고, 베 짜는 아낙에게도 몸을 가릴 옷이 늘 있을 수가 없는데, 하물며 항상 손을 놀려뒀던 내가 춥고 배고픔을 어찌 싫어할까보냐?

 좋은 옷과 맛있는 음식은 은혜만 지중하게 하여 도에 손해가 되지만, 떨어진 옷과 나물 음식은 반드시 시주의 은혜를 가볍게 하여 음덕을 쌓게 되나니, 금생에 마음을 밝히지 못하면 한 방울의 물도 능히 소화시키기 어려우니라.

나무 뿌리 산 과일로   주린 창자 위로하고
솔잎들과 풀옷으로   이내 몸을 가릴지며
들판의 학 푸른 구름   함께 하는 벗을 삼아
높고 깊은 산골에서   남은 삶을 살아가리

둘째, 나의 재물을 아끼지 말고 남의 물건을 탐하지 말라.

 삼악도(三惡道)의 괴로움을 가져오는 데는 탐욕의 업이 첫째가 되고, 육바라밀(六波羅蜜) 중에서는 보시가 으뜸이 되느니라. 간탐(慳貪)은 능히 착한 길을 막고 자비로 보시하면 반드시 악한 길을 막느니라.

만일 가난한 사람이 와서 구걸하거든 넉넉지 못하더라도 아끼지 말라. 올 때도 한 물건 없이 왔고 갈 때 또한 빈손으로 간다.나의재물에도 연연할 것 없거늘 다른 이의 재물에 마음을 둘까보냐?

살아생전에 아무리 많이 장만할지라도 죽은 다음 가져갈 것은 지은 업뿐이니라 사흘 닦은 마음은 천년의 보배가 되고 백년 탐물^{食物}은 하루아침의 티끌이 된다.

어디에서　삼악도의　괴로움이　생겼는가
다생토록　탐심내고　애착 가진　때문일세
부처님의　가사 바루　이대로도　살 만한데
무엇하러　쌓고 모아　무명만을　기르는고

셋째, 말을 많이 하지 말고 몸을 가벼이 움직이지 말라.

몸을 정중히 가지면 산란함이 쉬어져서 선정^{禪定}을 이루게 되고, 말이 적으면 어리석음을 돌려 지혜를 이룬다. 참된 바탕은 말을 여의었고 참된 이치는 움직이지 않느니라.

입은 재화(災禍)의 문이니 반드시 엄숙하게 지켜야 하고, 몸은 재앙의 근본이니 가벼이 움직이지 말아야 한다. 자주 나는 새는 그물에 걸릴 위험이 있고, 가벼이 쏘다니는 짐승은 화살 맞을 재앙이 없지 않느니라.

그러므로 세존께서는 6년 동안 설산에 앉아 움직이지 않으셨고, 달마조사도 소림굴에서 9년 동안 묵언을 하셨느니라. 후세에 참선하는 이가 어찌 그 옛 자취를 따르지 않으리.

몸과 마음 다잡아서 동요됨이 없게 하고
토굴 암자 홀로 앉아 오고감을 끊을지라
고요하고 고요하여 어떤 일도 없게 하고
마음 부처 찾아내어 자귀의를 할지니라

넷째, 선우(善友)는 가까이하고 삿된 벗은 멀리하라.
새가 쉬고자 할 때 반드시 숲을 고르듯이,

진리를 배우는 사람은 반드시 스승과 벗을 가려야 한다. 좋은 숲을 택한 새는 잠자리가 편안하고, 스승과 벗을 잘 만나면 학문이 높아지느니라.

그러므로 좋은 벗 섬기기를 부모님 모시듯 하고, 악한 벗은 원수처럼 멀리해야 하느니라. 학도 까마귀와 벗할 생각이 없거늘 붕새가 어찌 뱁새와 짝하려 생각하리.

소나무 숲 사이에서 자라나는 칡은 천 길을 곧게 올라가고 띠 풀 위의 나무는 석자를 넘지 못하나니, 어질지 못한 소인들은 언제나 멀리 여의어야 하고 뜻을 얻은 고상한 사람들은 항상 가까이 해야 하느니라.

행주좌와	어느 때나	착한 벗과	함께하여
몸과 마음	잘 다스려	가시덤불	제거하라
가시덤불	모두 없애	앞길 활짝	트일지면
한걸음도	안옮기고	조사관을	통과하리

다섯째, 삼경 외에는 잠을 허락하지 말라.

"끝없는 세월 속에서 도에 장애가 되는 것으로는 수마(睡魔)보다 더한 것이 없다. 열두 시각 어느 때나 또렷하게 의심을 일으켜서 어둡지 않도록 하고, 행주좌와(行住坐臥) 어디에서나 항상 끊임없이 빛을 돌이켜 스스로를 살펴보라. 한평생을 헛되이 보낼 것 같으면 만겁이 지나도록 한이 될 것이다.

무상(無常)이 찰나 속에 있으니 날마다 놀랍고 두려운 일뿐이요, 사람의 목숨은 잠깐 사이인지라 한때라도 보장하기 어렵느니라. 만일 조사관(祖師關)을 뚫지 못하였다면 어떻게 편안히 잠만 잘 수 있겠는가?

독사같은   졸음 구름   마음 달을   가렸으니
도닦는이   여기 와서   길을 잃고   헤매누나
바로 그때   취모리검   힘껏 잡아   일으키면
구름 절로   사라지고   달은 절로   밝아지네

여섯째, 망령되이 스스로를 높이고 남을 업신여기는 일을 하지 말라.

인을 닦고 인을 얻는 데는 겸손과 사양이
근본이 되고, 벗을 사귀는 데는 공경과 믿음
이 으뜸이 된다. 아 · 인 · 중생 · 수자 사상의
산이 높아지면 높아질수록 삼악도의 바다〔
三途海〕는 더욱 깊어지느니라.

밖으로 근사한 모양을 내어 존귀한 듯이 꾸
며도 안으로 얻은 바가 없으면 썩은 배와 같
나니, 벼슬이 높을수록 마음을 낮게 가지고
도가 높을수록 뜻을 더욱 겸손히 가져야 하
느니라. '나다 · 너다'하는 상이 무너지게 되
면 무위의 도가 저절로 이루어지나니, 무릇
하심 하는 사람에게는 온갖 복이 저절로 돌
아오느니라.

교만이란   티끌 속에   반야지혜   파묻히고
아상인상   산위에는   무명만이   자라나네
제 잘난 체   안 배우다   늙은 날을   맞이하여
병져 누워   신음할 땐   한탄만이   가득하리

일곱째, 재물과 색을 대하거든 반드시 정념으로

임하라.

　몸을 해치는 것으로는 여색보다 더한 것이 없고, 도를 그르치는 것으로는 재물이 으뜸이 된다. 그러므로 부처님께서는 계율로 재물과 색을 엄히 금하시면서 이르셨다.

　"여자를 보거든 호랑이나 뱀을 보는 것과 같이 하고, 이 몸에 금과 옥이 따르거든 나무나 돌을 보듯이 하라."

　비록 깜깜한 방에 혼자 있을지라도 큰 손님을 맞이한 것처럼 하고, 남이 볼 때나 보지 않을 때나 한결같이 하여 안과 밖을 구별하지 말라.

　마음이 깨끗하면 선신(善神)이 보호하고, 색을 그리워하면 하늘이 용납하지 않느니라. 선신이 보호하면 험한 곳에 있어도 어렵지 않게 되고, 하늘이 용납하지 않으면 편한 곳에 있어도 편안하지 않게 되느니라.

　재물 쌓고 색 밝히면　염라대왕 감옥 열고
　청정 행자 아미타불　연화대로 모셔가네

족쇄 차고 들어가면   지옥 고통   끝없지만
용선 위의 연화대엔   즐거움만 가득하네

여덟째, 세속 사람을 사귀어 미움을 받지 말라.
마음 가운데 애착이 없어야 사문(沙門)이라 하고,
세속을 그리워하지 않아야 출가(出家)라 하느니
라. 이미 애착을 끊고 인간 세상에 대한 미련
을 툭 털어버렸거늘, 어찌 세속 사람들과 어
울려서 놀까보냐. 세속을 그리워하고 못잊
어하면 도철이라 하나니, 도철에게는 본래
부터 도심(道心)이 없기 때문이니라.

인정이 농후하면 도심이 성글어지나니, 인
정을 냉각시켜 끝내 돌아보지 말라. 만약 출
가한 본래의 마음을 저버리지 않고자 한다면
마땅히 명산을 찾아 묘한 이치를 탐구하되,
가사 한 벌과 바리때 하나에 의지하여 모든
인정을 끊어버리면, 주리고 배부른 데까지
무심하여져서 도가 스스로 높아지느니라.

나와 남을 위하는 것   비록 좋은   일이지만

이 모두가　생사 속을　윤회하는　씨가 되네
바라노니　솔바람과　칡덩쿨과　달 아래서
영원토록　샘이 없는　조사선을　관하여라

아홉째, 남의 허물을 말하지 말라.

좋은 소리 싫은 소리, 그 어느 것을 들을 지라도 마음의 동요가 없어야 하느니라.

덕이 없으면서 남의 칭찬을 듣는다면 참으로 부끄러워해야 할 일이요, 허물이 있어 비난을 듣는다면 참으로 기뻐해야 할 일이다. 기뻐하면 잘못된 점을 찾아 반드시 고칠 수 있게 되고, 부끄러워하면 도를 더욱 부지런히 닦고자 할 것이다.

남의 허물을 말하지 말라. 마침내 돌아와 내 몸을 해치게 되느니라. 또한 남을 해롭게 하는 말을 듣거든 부모를 비방하는 말과 같이 들어라. 오늘 다른 사람의 허물을 말하면 다른 날 도리어 나의 허물을 논하게 되느니라. 더군다나 무릇 있는 바 상은 모두 허망한

것이니, 헐뜯고 욕하거나 칭찬하고 치켜세
워준들 근심할 것이 무엇이며 기뻐할 것이
무엇이랴.

하루종일　사람들의　장단점을　말하다가
밤이 되면　흐리멍텅　잠만 실컷　즐기누나
이와 같은　출가인이　신도 시주　받는다면
필경에는　삼계에서　벗어나기　어려우리

**열째, 대중 가운데 머물러서 마음을 언제나 평
등하게 가져라.**

사랑을 끊고 부모를 떠나도록 한 까닭은 불
법의 세계가 평등한 때문이다.

만약 가깝고 멀리하는 것이 있다면 마음이
평등하지 못한 것이니, 그렇다면 출가하였
다고 하여 무슨 덕이 있으리. 만약 마음 가운
데 미움도 사랑도 없고 취하고 버릴 것도 없
다면, 어찌 이 몸에 괴로움과 즐거움, 성하고
쇠함이 있으리.

평등성^{平等性} 중에는 이것과 저것이 없고 대원경^{大圓鏡}

위에는 가깝고 먼 것이 끊어졌느니라. 삼악도의 고해에서 출몰함은 사랑에 얽혀 있기 때문이요, 육도(六道)를 오르내림은 가깝고 먼 것을 따져 지은 업에 묶여 있기 때문이니라.

마음이 평등한 데에 계합하면 취하고 버릴 것이 본래 없나니, 만약 취하고 버릴 것이 없다면 생사가 어디에 있겠는가.

가장 높은 보리도를 성취하기 바란다면
어느 때나 또렷하게 평등심을 지닐지라
친소 따져 미워하고 사랑함을 두게 되면
도는 더욱 멀어지고 업은 더욱 깊어지리

주인공아, 그대가 사람의 몸을 받아 태어난 것은 눈 먼 거북이가 구멍 뚫린 나무를 만나는 것처럼 어려운 일이다.

한평생이 얼마나 되기에 도를 닦지는 않고 게으름만 부릴 것인가? 사람으로 태어나기 어렵고 불법을 만나기는 더욱 어렵나니, 금생에 도를 닦지 않고 헛되이 죽어버리면 만겁을 지나도 다시 만나기 어려우니라.

모름지기 자경십문의 법에 의지하여 날마다 새롭고 부지런히 닦아 물러나지 말고, 속히 정각을 이루어 모든 중생을 제도하라.

나의 근본 원은 그대 혼자만 생사의 바다를 벗어나는 것이 아니라, 중생들 모두를 생사의 바다에서 구해내는 것이니라.

무슨 까닭인가?

그대는 시작 없는 옛적부터 금생에 이르기까지 태란습화(胎卵濕化) 네 가지로 생명을 받을 때마다 부모를 의지하여 출몰하였도다. 그러므로 지극히 오랜 세월 동안 부모가 되었던 이만하여도 한량이 없고, 이렇게 관찰한다면 육도 중생 중 그 많은 생애에서 부모가 되지 않았던 이가 없을 것이다.

이와 같은 중생들이 악취(惡趣)에 떨어져 밤낮없이 고통을 받고 있나니, 만약 그대가 구제하지 않는다면 언제 벗어날 수 있겠는가? 가슴이 찢어지듯 애닳고 슬프도다.

천번 만번 바라노니, 그대는 빨리 큰 지혜를 밝혀 신통력과 자재한 방편의 힘을 갖추고, 속히 거친 파도를 헤쳐가는 지혜로운 노가 되어 탐욕의 저 언덕에서 헤매는 미혹한 중생들을 널리 건질지어다.

그대는 보지 못하였는가? 역대의 모든 부처님과 조사들이 옛날에는 우리와 같은 범부였음을! 저도 장부요 그대도 장부. 다만 하지 않기 때문에 그러한 것일 뿐, 할 능력이 없는 것은 아니리라.

옛사람이 말하기를, "도가 사람을 멀리하는 것이 아니라 사람이 스스로 멀리한다" 하였으며, 또 말하기를 "내가 어질고자 하면 어진 것이 스스로 찾아온다" 하였으니, 진실로 옳은 말씀이니라.

만약 신심만 물러서지 않는다면 누가 견성성불(見性成佛)을 하지 못하겠는가?

내 이제 삼보를 증명으로 모시고 한 가지 한 가지씩 그대에게 경계를 한 것이니, 잘못

된 줄 알면서 고의로 범한다면 산 채로 지옥
에 떨어지리니, 부디 삼가고 또 삼갈지니라.

옥토끼는	오르내려	늙은 모습	재촉하고
금까마귀	출몰하며	이내 목숨	재촉하네
명예 재물	구하는 일	아침 이슬	다름없고
괴로움과	영화로움	저녁 연기	같은 것을
그대에게	권하노니	부지런히	도를 닦아
어서 빨리	부처되어	미한 중생	제도하라
이번 생에	나의 말을	듣지 않고	지낸다면
다음 생의	한탄함이	실로 많고	끝없으리

알기 쉬운 경전 해설서

생활 속의 반야심경 / 김현준   240쪽   8,000원
반야심경을 우리의 생활과 결부시켜 쉽고도 명쾌하게 풀이하였습니다. 공·걸림없이 사는 방법 등과 십이인연·사제 등의 기본교리도 쉽게 풀이하였습니다.

생활 속의 금강경 / 우룡스님   304쪽   9,000원
금강경의 심오한 내용을 알기 쉽게 풀이하고 일상생활과 접목시켜 강설함으로써 삶의 현장에서 금강경의 가르침을 능히 응용할 수 있도록 하였습니다.

생활 속의 관음경 / 우룡스님   240쪽   8,000원
관세음보살의 본질과 기도성취의 원리를 여러 영험담과 함께 쉽게 풀이한 이 책을 읽으면 신심이 샘솟고, 이 책을 따라 기도하면 소원을 성취할 수 있습니다.

생활 속의 천수경 / 김현준   240쪽   8,000원
천수경을 쉽게 풀이한 책. 신묘장구대다라니의 풀이와 공덕, 참회 성취의 비결, 주요 진언의 뜻풀이, 각종 소원을 이루는 방법 및 기도법을 일러주고 있습니다.

생활 속의 보왕삼매론 / 김현준   240쪽   8,000원
병고 해탈, 고난 퇴치, 일의 성취, 인연 다스리기, 이익과 부귀, 억울함의 승화 등 누구나 인생살이에서 겪게 되는 장애들을 속 시원하게 뚫어주고 있습니다.

예불문, 그 속에 깃든 의미 / 김현준   256쪽   8,000원
오분향의 의미와 지심귀명례하는 방법, 불법승 삼보,문수·보현·관음·지장보살, 십대제자·16나한·5백나한 등의 내용을 이 책 속에 모두 담았습니다.

아름다운 우리말 경전 (책 크기 휴대용 국반판)

·금강경	명쾌한 금강경 풀이와 함께 금강경의 근본 가르침을 함께 수록한 책	우룡스님 역	100쪽	2,000원
·아미타경	한글 번역과 함께 독송하는 방법과 아미타불 염불법에 대해 설한 책	김현준 역	100쪽	2,000원
·약사경	한글 번역과 함께 약사기도법과 약사염불법에 대해 자세히 설한 책	김현준 편역	100쪽	2,000원
·관음경	관음경의 번역과 함께 관음기도와 관음염불법에 대해 자세히 설한 책	우룡스님 역	100쪽	2,000원
·지장경	편안하고 쉬운 번역과 함께 지장기도법을 간략히 설한 책	김현준 역	196쪽	3,500원
·부모은중경	부모님의 은혜를 느끼며 기도를 할 수 있게 엮은 책	김현준 역	100쪽	2,000원
·보현행원품	보현보살의 십대원을 중심으로 설하여 참된 보살의 길로 이끌어주는 책	김현준 편역	100쪽	2,000원
·초발심자경문	신심을 굳건히 하고 수행에 대한 마음을 불러일으키게끔 하는 책	일타스님 역	100쪽	2,000원
·법요집	법회와 수행 시에 필요한 각종 의식문, 좋은 몇 편의 글들을 수록한 책	불교신행연구원 편	100쪽	2,000원

기도 및 영가천도 법보시용으로 좋은 책

기도 이야기 / 우룡스님 신국판 204쪽 7,000원
총 6장 45편의 다양한 이야기와 이야기 끝에 붙인 스님의 해설을 읽고 기도하면 감응의 길이 열리면서 심중소원을 성취하게 됩니다.

기도 성취의 지름길 / 우룡스님 4X6판 160쪽 4,500원
가족을 향한 참회와 3배 기도의 큰 영험에 대해, 그리고 믿음·정성과 함께 기도의 고비를 잘 넘길 것을 설한 감동적인 기도법문집.

광명진언 기도법 / 일타스님·김현준 신국판 180쪽 6,000원
광명진언 속에 새겨진 참의미와 바른 기도법, 빠른 기도성취법 등을 자상하게 설하고, 유형별 기도성취 영험담을 다양하게 수록하였습니다.

생활 속의 기도법 / 일타스님 신국판 160쪽 5,500원
여러 가지 상황에 따른 구체적인 기도방법에서부터 기도할 때 지녀야 할 마음가짐까지, 자상한 문체로 예화를 섞어 쉽고 재미있게 엮었습니다.

기 도祈禱 / 일타스님 신국판 240쪽 8,000원
총6장 52편의 다양한 기도성취 영험담으로 엮어진 이 책을 읽다보면 올바른 기도법과 기도성취의 지름길을 알 수 있게 됩니다.

불교의 자녀사랑 기도법 / 김현준 신국판 240쪽 5,500원
부처님의 가르침에 의지하여 정립한 이 책의 내용에 따라 자녀를 사랑하고 기도하면 자녀들이 뜻하는 바 소원을 성취하고 행복과 평화를 누릴 수 있습니다.

참회와 사랑의 기도법 / 김현준 신국판 192쪽 6,500원
문답을 통해 참회의 정의에서부터 참회기도를 해야 하는 까닭, 가족을 향한 참회법 등에 대해 아주 상세히 설하고 있습니다.

화엄경약찬게 풀이 / 김현준 신국판 160쪽 7,000원
화엄경약찬게는 매우 난해하지만 이 풀이를 본 다음에 읽으면 명확하게 파악할 수 있고 화엄경의 내용까지 꿰뚫어, 대화엄의 세계에서 노닐 수 있게 됩니다.

신묘장구대다라니기도법 우룡스님·김현준 신국판 208쪽 7,000원
신묘장구대다라니의 가피와 공덕, 다라니의 뜻풀이, 자세하게 설명한 기도의 방법과 주의할 점, 14편의 영험담을 함께 수록하였습니다.

영가천도 / 우룡스님 신국판 160쪽 5,500원
영가천도의 필요성과 기본자세, 염불·독경·사경을 통한 영가천도, 49재 등 영가천도에 관한 여러 궁금증을 스님의 자세한 법문으로 풀어드립니다.

관음신앙·관음기도법 / 김현준 　신국판　240쪽　8,000원
관세음보살의 구원능력, 중요 경전 속의 관음관, 자비관음의 여러가지 모습, 관음기도법, 관음관법 등을 재미있고 자세하게 풀이하였습니다.

지장신앙·지장기도법 / 김현준 　신국판　190쪽　6,500원
대원본존 지장보살의 중생 구제, 영가천도기도, 자녀를 위한 기도, 평온한 삶을 위한 기도, 소원 성취와 고난 극복을 위한 기도 등을 자세히 설명하였습니다.

미타신앙·미타기도법 / 김현준 　신국판　160쪽　5,500원
아미타불과 극락의 참모습, 칭명염불·관상염불·천도염불 등의 각종 염불수행법과 함께 임종하는 이를 위한 의식과 49재에 대해 자세히 밝히고 있습니다.

참회·참회기도법 / 김현준 　신국판　160쪽　5,500원
참회의 참된 의미와 여러가지 참회기도법, 참회영험담 등을 상세하게 담아, 행복하고 자유로운 삶의 길을 열어 주고 있습니다.

기도성취 백팔문답 /김현준 　신국판　240쪽　8,000원
기도와 믿음·업장소멸의 방법·꾸준한 기도의 효험·원을 세우는 법·축원법·기도가피와 기도성취의 시기 등을 문답식으로 풀이하였습니다.

병환과 기도 /일타스님·김현준 　4X6판　84쪽　2,300원

선가귀감 　서산대사 저 김현준 역 4X6배판 136쪽 5,500원
조선시대 최고의 고승인 서산대사께서 **선禪**에 대한 다양한 가르침을 중심에 두고 참회·염불·계율·육바라밀·도인의 삶 등을 간절하게 설하여 불자들의 신심과 정진에 큰 도움을 주는 소중한 책입니다. 읽으면 읽을수록 쾌락함과 깊은 맛을 느낄 수 있습니다.
(한글 한문 대조본)

● 신행과 포교를 위한 포켓용 불서 ●

행복과 성공을 위한 도담 / 경봉스님 　　국반판　100쪽　2,000원
생활 속의 기도법 / 일타스님 　　국반판　100쪽　2,000원
광명진언 기도법 / 일타스님·김현준 　　국반판　100쪽　2,500원
보왕삼매론 풀이 / 김현준 　　국반판　100쪽　2,500원
바느질하는 부처님 / 김현준 엮음 　　국반판　100쪽　2,000원

〈가지고 다니면서 틈틈이 읽게 되면 신행생활과 기도에 큰 도움이 됩니다〉

한글 큰활자본 기도 독송용 경전 (책 크기 4×6배판)

법화경 (무선제본) / 김현준 역   전3책   4×6배판   550쪽   22,000원

불교 최고 경전인 법화경을 독송하면 소원성취는 물론 깨달음과 경제적인 풍요까지 안겨줍니다.

법화경을 독송하고 사경하면 부처님과 대우주법계의 한량없는 가피가 저절로 찾아들어 업장소멸은 물론이요 갖가지 소원을 두루 성취할 수 있습니다. 특히 밝은 지혜를 얻고 크게 향상하게 되며 경제적인 풍요와 사업의 번창·입시등 각종 시험의 합격 및 승진이 쉬워지고 가족 모두가 평온하고 복된 삶을 누리며, 병환·재난·가난 등 현실의 괴로움이 소멸되고 부모 친척 등의 영가가 잘 천도되며 구하는 바가 뜻과 같이 이루어집니다.

큰활자본 지장경 / 김현준 편역   4×6배판   208쪽   8,000원
지장보살본원경 / 김현준 편역   신국판   208쪽   7,000원

지장기도를 하는 분들을 위해
　① 지장경을 처음부터 끝까지 1번 독송　② '나무지장보살'을 천번염송
　③ 지장보살예찬문을 외우며 158배,　④ '지장보살'천번 염송
의 4부로 나누어 특별히 만들었습니다.
지장경 독경 및 지장보살예참과 염불을 할 때, 각 장 앞에 제시된 기도법에 따라 기도를 하게 되면, 지장보살의 가피 속에서 틀림없이 영가천도·업장소멸·소원성취·향상된 삶을 이룩할 수 있게 됩니다.
이 두 책의 내용은 같으며, 활자 및 책크기만 다릅니다.

자비도량참법 / 김현준 역   양장본   528쪽 22,000원

참되이 참회하시기를 원하십니까? 자비도량 참법 기도를 하십시오. 나의 허물과 죄업의 참회에서 시작하여 부모 스승 친척 등 육도 속을 윤회하는 온 법계 중생의 업장과 무명까지 모두 소멸시켜줍니다. 이 참법을 행하다 보면 저절로 참회의 마음이 깊어지고 자비가 충만하여지고 환희심이 넘쳐나게 됩니다.

한글 금강경 / 우룡스님 역   4×6배판   112쪽   4,500원

책 크기만큼 글씨도 크게 하고 한자 원문도 수록하였으며, 독송에 관한 법문도 첨부하였습니다. 사찰 및 가정에서의 독송용으로 매우 좋습니다.

한글 관음경 / 우룡스님 역   4×6배판   96쪽   4,000원

커다란 글씨의 관음경 해설과 함께 관음경의 원문과 독송법, 관음 염불 방법 등을 수록하여 관음경의 가르침을 쉽게 이해하도록 하였습니다.

한글 약사경 / 김현준 편역   4×6배판   100쪽   4,000원

아주 큰 활자로 약사경 한글 번역본을 만들었습니다. 약사경 독경 방법 및 약사염불법도 함께 실어 기도에 도움이 되도록 하였습니다.

한글 보현행원품 / 김현준 편역   112쪽   4,500원

보현행원품과 예불대참회문을 함께 실어 독경 후 행원품에 근거한 전통적인 108배를 행할 수 있도록 만들었으며, 대참회의 의미도 상세히 설명하였습니다.

원각경 / 김현준 편역   4×6배판   192쪽   8,000원

한국불교 근본 경전 중 하나로, 중생이 부처가 되려면 어떻게 해야하는지를 12 보살과의 문답을 통해 설한 경전으로 쉽게 번역 하였습니다. (한글 한문 대조본)

승만경 / 김현준 편역   4×6배판   144쪽   5,500원

여인의 성불 수기와 함께 승만부인의 서원, 정법·번뇌·법신·일승·사성제·자성 청정심·여래장사상 등을 분명히 밝힌 주옥같은 경전입니다.(한글 한문 대조본)

한글 아미타경 / 김현준 편역   4×6배판   92쪽   3,500원

아주 큰 활자 번역본으로, 독경 및 '나무아미타불' 염불 방법을 함께 실었습니다. 사찰에서 대중이 함께 독송할 때 또는 집에서 독송할 때 매우 유용합니다.

육조단경(덕이본德異本) 증보개정판 / 김현준 역 4×6배판208쪽   8,000원

혜능대사께서 설한 선종의 근본 경전으로, 인간의 참된 본성을 보게 하여 마음 을 치유하고 깨달음을 열어줍니다. (한글 한문 대조본)

유마경 / 김현준 역   4×6배판   296쪽   12,000원

무애자재한 행동과 갖가지 방편으로 중생을 이익되게 하는 유마거사의 소중한 법문을 담은 경전으로, 이 경을 읽다보면 눈이 번쩍 뜨이고 마음이 탁 트입니다.

무량수경 / 김현준 역   4×6배판   176쪽   7,000원

정토삼부경(아미타경·무량수경·관무량수경) 중에서 극락에 대한 묘사와 극락 왕생의 방법에 대한 내용이 가장 풍부하여 신심이 저절로 우러납니다.

밀린다왕문경 / 김현준 편역   신국판   204쪽   7,000원

그리스 왕인 밀린다와 불교 승려인 나가세나가 인생과 불교에 대해 대론한 것 을 정리한 경전으로 신심을 크게 불러일으킵니다.

법보시를 원하시는 분은 출판사로 연락 주십시오. 할인혜택을 드립니다.

전화 02-587-6612, 582-6612 팩스 02-586-9078

영험 크고 성취 빠른 각종 사경집 (책 크기 4×6배판)

※ 정성껏 사경하면 큰 가피가 저절로 찾아들고, 업장참회는 물론이요 쉽게 소원을 성취할 수 있습니다.
각 책마다 사경의 방법을 자세하게 설명해 놓았습니다.

광명진언 사경 가로·세로쓰기 (1책으로 1080번 사경)

128쪽 5,000원

모든 불보살님의 총주總呪인 광명진언을 사경하면 그 가피력은 이루 다 말할수 없을 정도입니다. 하루 108번씩 100일 동안 사경을 행하면 우리에게 크나큰성취를 안겨주고 심중의 소원이 잘 이루어집니다.

금강경 한글사경 (1책 3번 사경)   144쪽 5,500원
금강경 한문사경 (1책 3번 사경)   144쪽 5,500원
금강경 한문한글사경 (1책 1번 사경)   100쪽 4,000원

요긴하고 으뜸된 경전인 금강경을 사경해 보십시오. 업장소멸과 함께 크나큰깨달음과 좋은 일들이 저절로 다가옵니다.

반야심경 한글사경 (1책 50번 사경)   116쪽 4,500원
반야심경 한문사경 (1책 50번 사경)   116쪽 4,500원

반야심경을 사경하면 호법신장이 '나'를 지켜주고 공의 도리를 깨달아 평화롭고 안정된 삶이 함께합니다.

법화경 한글사경 (전5책)   권당 4,500원 총 22,500원

법화경을 사경하면 부처님과 대우주법계의 한량없는 가피가 저절로 찾아들어소원성취·영가천도는 물론이요 깨달음과 경제적인 풍요까지 안겨줍니다.

아미타경 한글사경 (1책 7번 사경)   116쪽 4,500원

살아 생전에 아미타경을 사경하거나, 부모님을 비롯한 가까운 분이 돌아가셨을 때 이 경을 쓰면 극락왕생이 참으로 가까워집니다.

약사경 한글사경 (1책 3번 사경)   112쪽 4,000원

약사경을 사경하면 약사여래의 가피가 저절로 찾아들어, 병환의 쾌차, 집안 평안, 업장소멸을 비롯한 갖가지 소원을 쉽게 성취할 수 있습니다.

관음경 한글사경 (1책 5번 사경)   112쪽 4,500원

관음경을 사경하면 가피가 한량이 없고 늘 행복이 함께 합니다. 학업성취·건강쾌유·자녀의 성공·경제 문제 등에도 영험이 매우 큽니다.

신묘장구대다라니 사경 (1책 50번 사경)　　　　4,500원

대다라니를 사경하면 관세음보살님과 호법신장들이 '나'와 주위를 지켜주고 소원성취와 동시에, 행복하고 자비심 가득한 마음을 가질 수 있도록 해줍니다.

보현행원품 한글사경 (1책 3번 사경)　　　120쪽　4,500원

행원품을 사경하면 자리이타의 삶과 업장 참회, 신통·지혜·복덕·자비 등을 빨리 이룰 수 있고 세세생생 불법과 함께 하며 보살도를 성취할 수 있습니다.

아미타불 명호사경 (1책으로 5,400번 사경)　　160쪽　6,000원

'나무아미타불'과 '아미타불'을 오회염불법에 따라 외우고 쓰는 특별한 명호사경집입니다. 집중력을 더하여, 심중 소원 성취에 큰 도움을 줍니다.

천수경 한글사경 (1책 7번 사경)　　　　112쪽　4,500원

천수경을 사경하고 독송하면 천수관음의 가피가 저절로 찾아들어, 업장 및 고난의 소멸과 갖가지 소원을 쉽게 성취할 수 있습니다.

지장경 한글사경 (1책 1번 사경)　　　　144쪽　5,500원

지장경을 사경하고 영가천도는 물론이요, 각종 장애가 저절로 사라지고 심중의 소원이 성취됩니다. 백일 또는 49일 동안의 사경기도를 감히 권해 봅니다.

화엄경약찬게 사경 (1책 12번 사경)　　　112쪽　4,500원

화엄경약찬게를 쓰면 화엄경 한 편을 읽는 것과 같은 공덕이 생긴다고 하였습니다. 약찬게를 써 보십시오. 수많은 가피가 함께 찾아듭니다.

보왕삼매론 사경 (1책으로 27번 사경)　　　120쪽　4,500원

삶의 문제들을 지혜롭게 해결하는 방법을 제시한 보왕삼매론을 사경하면 생활 속의 걸림돌이 디딤돌로 바뀌고 고난이 사라져 하루하루가 편안하고 행복해집니다.

관세음보살 명호사경 (1책으로 5천4백번 사경)　108쪽　4,500원
지장보살 명호사경 (1책으로 5천번 사경)　　108쪽　4,500원

'관세음보살'이나 '지장보살'의 명호를 쓰면서 입으로 외우고 마음에 새기면, 관세음보살님과 지장보살님의 가피를 입어 몸과 마음이 큰 변화를 이루고, 마음 속의 원을 능히 성취할 수 있습니다.

알기 쉬운 불교근본교리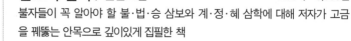(국판)

삼보와 삼학 / 원산스님　　　　　　200쪽　6,500원
불자들이 꼭 알아야 할 불·법·승 삼보와 계·정·혜 삼학에 대해 저자가 고금을 꿰뚫는 안목으로 깊이있게 집필한 책

불교란무엇인가 / 우룡스님　　　　　160쪽　5,500원
불교는 해탈의 종교, 해탈을 얻는 원리, 무엇이 부처인가, 소승과 대승불교, 불자의 실천 등 핵심되는 가르침을 설한 책.

육바라밀 / 김현준　　　　　　　　192쪽　6,500원
대승불교의 기본이 되는 보시·지계·인욕·정진·선정·반야바라밀을 일상생활과 접목시켜 쉽고도 재미있게 서술한 책.

사성제와 팔정도 / 김현준　　　　　240쪽　8,000원
부처님께서 행복한 삶을 열어주기 위해 창안한 불교 핵심 교리를 정말 알기 쉽고 자상하고 감동적으로 엮은 책.

자비 실천의 길 사섭법 / 김현준　　192쪽　6,500원
보시·애어·이행·동사의 사섭법이 필요한 까닭부터 잘 실천하고 잘 성취할 수 있는 방법을 자세히 제시한 책.

삼법인·중도 / 김현준　　　　　　160쪽　5,500원
제행무상·제법무아·열반적정의 삼법인과 중도의 의미, 중도속의 수행과 삶 등에 대해 일목요연하게 정리한 책.

인연법 / 김현준　　　　　　　　　224쪽　8,000원
인연법을 삶·괴로움·진리·마음씨·희망·행복·기도성취 등의 다양한 측면과 연결시켜 삶을 윤택하게 만들어주는 책.